·H·A·B·I·T·S· ·T·O· ·S·U·C·C·E·S·S·

·H·A·B·I·T·S· ·T·O· ·S·U·C·C·E·S·S·

습관 나를 제압하라

마쓰나이 고도 지음 | 윤 성 편역

펴 낸 이 | 최병섭
펴 낸 곳 | 이가출판사

초판발행 | 2008년 1월 3일

출판등록 | 1987년 11월 23일
주   소 | 서울시 마포구 신수동 448-6
대표전화 | 716-3767
팩시밀리 | 716-3768

〈값 10,000원〉

ISBN | 978-89-7547-079-0 (03320)

습관
나를 제압하라

습관

나를 제압하라

마쓰나이 고도 지음 | 윤 성 편역

이가출판사

오스트레일리아의 사막 한가운데에 있는 거대 암석 에어지 록의 절벽에는 다음과 같이 쓰여 있다.

"Your Own Risk"

출입 금지라든지 등반 금지라는 팻말도 보이지 않는다. 그 옆에는 절벽을 오르다 사망한 사람들의 명단이 붙어 있을 뿐이다. 이곳을 오르다 설사 추락 사고가 발생하더라도 그것은 모두 당신 자신의 책임이라는 의미이다. 인생은 모든 경우에 있어서 "Your Own Risk!"이다.

역사상 정복자들이 품고 있던 가치관은 폭넓은 세계관에 있다. 주어진 운명과 터전에 만족하지 않고 더 넓은 세계를 구축하려고 힘썼다. 그들은 오로지 자신을 믿었으며 자신이 세상의 중심이라고 생각했다. 세상을 호령하기 전에 이미 자신을 지배할 수 있었기 때문에 야망이 가능했다. 자신을 지배할 수 있다는 것은, 책임감을 갖고 인생을 제대로 경영할 수 있다는 것을 의미한다.

이렇듯 세상의 중심에 우뚝 선 사람들에게는 오랜 기간에 걸쳐 몸에 깊숙이 밴 좋은 습관을 바탕에 두고 있다.

습관이란 무엇인가. 두뇌 속에 존재하는 행동의 흔적이다. 체험적으로 인식되는 어떤 정보가 들어오면 뇌는 본능적으로 의식하지 않은 상태에서도 명령이 전달되어 민감하게 반응한다. 아무리 정보에 대한 반응을 달리 하고자 노력해도 이미 의식까지 통제한 습관은 쉽게 변화되지 않는다. 습관이 형성된 다음에는 어떤 의식적인 사고활동도 소용없이 정보가 소통되는 것이다.

인간이 자신의 인격 속에 발전적이고 생산적인 습관들을 형성할 수 있다면 누구나 삶의 행복을 만끽할 수 있다. 나쁜 습관에 길들여져 자신을 통제하고 있다는 것만큼 답답한 정체는 없다. 그것을 개선시키지 않고 필요한 조치를 취하지 않았기 때문에 늘 고통스러운 것이다.

그렇다면 자신을 구원하고 인식의 전환을 가속시킬 수 있는 좋은 습관이 필요하다. 올바르고 좋은 습관은 어떻게 습득해야만 하는 것인가.

자신의 성공적인 미래를 위해서라면 매일의 나쁜 행동습관을 고치는 방법 외에는 달리 해결책은 없다. 오랜 세월 길들여진 나쁜 습관을 고치는 데는 많은 시간과 노력이 필요하다.

물이 가득 찬 항아리를 상상해보자. 그 안에는 나쁜 습관이라는 오염된 물로 가득 차 있다. 그 더러운 물속에 좋은 습관이라는 맑은 물을 조금씩 부어 가는 것이다. 이렇게 되풀이하면 항아리 안은 차츰 맑은 물로 변해가게 될 것이다.

이제부터 좋은 습관이라는 한 잔의 맑은 물로 나쁜 습관인 더러운 물을 조금씩 정화시켜 가자.

이 책은 성공을 꿈꾸는 사람들에게 좋은 습관에 도전해볼 것을 권유하는 책이다. 한시라도 빠르게 나쁜 습관을 고치는 사람이 그만큼 빨리 성공과 행복을 얻을 수 있을 것이다.

지금 바로 실행해보기 바란다.

contents

1장 | 나는 가능하다는 마인드를 가져라

HABITS TO

4장 I 인생의 전환점을 성공으로 매듭지을 수 있다

5장 I 정상에 있는 사람은 순간을 놓치지 않는다

HABITS TO

6장 | 결과에 집착하지 말고 일의 과정을 즐겨라

7장 | 건강한 몸과 마음에 투자하라

무슨 일이든 막판에 몰리게 되면 강한 사람과 약한 사람으로 나뉜다. 승부의 갈림길은 초읽기 단계에서 비로소 분명해진다. 누구나 초읽기에 몰리는 상황이 오면 당황하게 된다. 강한 사람이란 초읽기와 같은 상황에서 당황하지 않는 사람이다. 초읽기에 몰렸기 때문에 실패하는 것이 아니다. 큰일 났다고 생각하고 당황하기 때문에 실패하는 것이다. 시간의 여유가 있든, 초읽기 상태든 생각하는 시간은 마찬가지이다.

1

나는
가능하다는
마인드를 가져라

*Power of
habit*

HABITS TO
success

포기하지 않는 습관

근심거리를 가급적 피하고
싹이 될 만한 것들은 미리부터 제거하는 것이 좋다

일본 프로 야구의 세이브 라이온스가 6연패를 했을 때 모리 감독은 친구로부터 전화를 받았다.

"연패를 축하하네."

떨어질 수 있는 데까지 떨어지고 나면 나중에는 올라가는 길밖에 없다는 의미의 격려이다.

모리 감독은 대답했다.

"앞으로 두 번은 더 질 수 있을 것 같네."

그의 말대로 세이브 라이온스는 8연패를 한 후에 파죽의 12연승을 이루어냈다.

실패는 성공의 문턱이라고도 한다.

실패를 넘어서면 기다리고 있는 것이 성공이지만 서둘러 포기하거나 절망을 이기지 못해 저력을 사장시키는 일을 경계해야 한다. 어떤 상황이든 포기라는 것은 결코 상처를 위한 치유책이 되지 못한다.

포기를 부추기는 것이 실패할까봐 염려하는 근심이다. 다만 누구에게나 가능한 일이지만 굳은 결심으로 실천하지 못해 성공과 실패를 의심하는 것이다. 그래서 포기를 먼저 배우게 되고 실패라는 답안지만 껴안고 고통스러워한다. 근심은 더 큰 마음의 짐만 낳을 뿐이라는 것을 명심해야 한다. 근심거리를 가급적 피하고 싹이 될 만한 것들은 미리부터 제거하는 것이 좋다. 근심을 피한다는 것은 아주 분별력 있는 자신의 행동이다. 우리가 분별력 있는 행동을 한 뒤에는 반드시 그에 따른 보상이 이어진다. 결국 원하던 성공과 가까워진다.

자신이 어떤 에너지를 소유하고 있든 무엇에 얽매여 있든 매일매일 최선을 다하는 습관 이상의 저력은 없다.

모든 일이란 늘 최고의 상황에서 할 수 있는 것은 아니다. 때로는 최악의 상황에서 해야 하는 경우도 적지 않다. 그리고 돌이켜 생각해 보면 최악의 상황에서 한 일이 최고의 상황에서 한 일보다 결과가 나은 경우도 있다. 다행히 최고의 상황에서 할 수 있는 일은 여간해서 없다. 상황이 안 좋아서 일을 하지 못한다는 것은 아마추어의 변명에 지나지 않는다.

이제는 틀렸다고 생각하며 두 손을 들고 싶은 위기가 때때로 찾아온다. 그러나 다 틀렸다고 생각되는 순간이야말로 영광의 순간인 것이다. 그 위기를 넘어 패기 있게 전진한다면 진정한 승자가 될 수 있기 때문이다. 인생에서 영광의 순간을 만날 수 있는 기회는 그렇게 많지 않다. 인생의 승자가 되기 위해서는 위기가 필요하다.

　그러나 대부분의 사람들은 승부에서 졌을 때 두 종류로 나뉜다. 져서 낙오자가 되는 타입과 지더라도 강해지는 타입이다. 지는 것이 꼭 나쁜 것은 아니지만 사람이 못 쓰게 망가지는 것이 문제이다. 지더라도 그때마다 강해질 수 있다면 인생의 승부에 있어서는 승자가 될 수 있다.

02 한 우물을 꾸준히 파는 습관

하는 일에 최선을 다하고
쉽게 포기하지 않는 사람이 어떤 일이든 해낼 수 있다

우물을 파는 일에 남다른 실력과 정평이 나 있는 사람이 있었다. 그는 물이 나올 것이라고 일단 판단한 곳에서는 어떤 어려움이 있어도 결국에는 물을 발견해냈다. 사람들이 그 비결에 대해 묻자 그는 간단하게 대답했다.

"물이 나올 때까지 열심히 땅을 파는 것이오!"

어떤 일이든 시작하기는 쉬울지 모르지만 그것을 단념하지 않고 지속하기란 어려운 법이다. 그렇다면 왜 계속할 수 없는 것일까? 도중에 스스로 포기하려는 마음 때문이다. 또한 나태한 마음에 자신을 지탱하지 못하기 때문이다. 그리고 자신의 한계나 어려움에 시달려 중단하기도 한다.

오랜 시간 심사숙고해 전력을 다해 일을 하지만 우리는 차츰 무료함과 피곤함에 시달리게 된다. 그렇기 때문에 싫증을 내고 회의에 빠지게 된다.

좋아하는 취미를 보더라도 마찬가지 결과를 보인다. 바둑을 두든 축구를 하든 어려운 시점을 통과해 종반에 이르면 이 정도면 승리는 확실하다는 생각에 낙관한다. 낙관은 곧 긴장감을 희석시켜 판단력을 흐리게 한다. 긴장감의 감소는 순식간에 역전패를 낳기도 한다.

늘 긴장감을 잃지 않는 것이 어떤 일이든 포기하지 않게 하는 청량제이다.

우리 인생의 도전에 있어서도 마찬가지다. 일상생활이든 직업이든 사업이든 하겠다고 마음을 정한 것은 끈기 있게 파고드는 것이 최선이다. 하는 일마다 싫증을 내고 도중에 포기하는 사람은 무슨 일이든 결과는 같다. 새롭고 보다 비전이 있는 일을 찾기보다는 우선 자신이 하는 일에 대한 집중력과 끈기를 길러야 한다.

하는 일에 최선을 다하고 쉽게 포기하지 않는 사람이 어떤 일이든 해낼 수 있다. 사소한 일이라도 만족할 만한 성과를 거둘 때까지 포기하지 않는 힘이 성공을 이루는 하나하나의 초석인 것이다.

03 틀에 박힌 고정관념을 바꾸는 습관

그 벽을 깨는 참신한 두뇌와 의욕만 있다면
신선한 발상은 얼마든지 가능하다

전철을 이용해 출근하는 사람들을 보면 보통 집을 나서는 시간, 전철을 타는 시간, 전철을 타는 위치까지도 정해져 있다. 그런가 하면 전철이 각 역에 정차했을 때 보통 오른쪽 문이 열리므로 대부분 사람들은 타고 나면 왼쪽으로 가서 선다. 문 앞쪽은 사람들로 붐빌 것이라는 생각으로 중앙으로 가서 선다. 매일의 경험에서 자연스럽게 이런 패턴을 반복하고 있다.

재미있는 것은 이런 생각 때문인지 출근하는 사람 중 매일 아침 같은 위치에서 반드시 만나게 되는 사람이 있다. 이것은 무의식중에 하나의 습관에서 비롯된 것일 것이다.

이것이 곧 출근 매너리즘화 라고 생각되는데, 이것은 일에 대해서도 마찬가지다. 기존의 방식이 좋다고 생각된 것이 고정화되어 매너리즘화가 되어 있는 경우가 많다.

언젠가 모기업 대표와 함께 커피숍에 가게 되었는데 매우 인상적인 일을 경험하게 되었다.

나는 커피를, 그는 콜라를 주문했다. 커피를 주문하면 대개 작은 용기에 담긴 프림이 함께 나오는데 나는 그 프림을 넣지 않고 그냥 놔두었다. 그랬더니 그는 그 프림을 자기의 콜라 속에 넣었다. 나는 순간 "어!" 하고 소리를 질렀다.

그는 아무렇지도 않다는 듯 말했다.

"뭐가 이상합니까? 이래도 맛있어요. 이름은 밀크콜라 라고 할까요? 이렇게 마시는 것을 이상하게 생각하는 고정관념을 갖고 있는 사람은 평생 이런 맛을 경험하지 못할 겁니다."

그의 권유에 맛을 보았더니 정말 맛이 좋았다. 콜라가 좀 순해졌다고나 할까. 그와 같이 신선한 발상이 나오고 안 나오고 하는 것은 매우 중요한 일이라고 생각한다.

나는 자주 고정관념에 치우치지 말라고 한다. 그런 내 자신도 그의 신선한 발상에 순간적으로 놀랐던 것이다.

새로운 방식으로 처리해 보면 지금보다 훨씬 능률적일 수 있다. 그러나 사람들은 익숙해져 있는 습관을 쉽게 고치려 들지 않는다. 그것은 우리 의식에는 이것이 아니면 안 된다는 식의 생각이 매우 깊게 자리 잡고 있기 때문이다.

그 벽을 깨는 참신한 두뇌와 의욕만 있다면 이러한 신선한 발상은 얼마든지 가능하다. 평소 주변의 것을 대상으로 벽을 깨나가 보자.

04 고뇌하는 습관

안전에는 민감해지지 않지만
고통에는 상당히 민감해지는 것이지요

세계의 3대 종교가 아랍의 사막지대에서 발생되었다는 사실은 우리에게 시사하는 바가 크다. 유대교, 크리스트교, 이슬람교 이 세 가지 종교가 태어난 곳이 바로 이스라엘의 예루살렘이다.

이것은 무엇을 의미하는가.

말할 것도 없이 사막이라는 곳은 인간이 살기에는 너무나도 가혹한 환경이다. 따라서 고통도 많았을 것이다. 바로 이 고통 속에서 종교가 태어나게 된 것이다. 다시 말해 고통 속에서 문화가 생겨난 것이다.

인간이란 고통을 알아야 성장한다는 말에 강한 호기심을 나타내기 시작했던 때는 상술의 두 가지 비결 중의 하나인 고정법의 효과를 본 뒤부터이다. 고정법을 실행시키면 장사가 잘 된다는 실례가 계속해서 나오기 시작했고 그러는 동안에 인간은 싫어하는 것에 무척이나 민감하다는 말을 듣게 되었다. 이 말의 뜻은 다음과 같다.

술에는 단맛과 쓴맛이 있다. 이것을 추출하여 맛의 효과를 실험해 보았다. 우선 쓴맛의 성분을 10만분의 1그램을 술에 넣어 마셔보게 하자 금방 '이 술은 쓰군요.' 라는 말이 나왔다.

이번에는 같은 양의 단맛 성분을 넣어 보았더니 아무도 이 맛을 느끼지 못했다. 쓴맛에 비해 단맛은 더 많이 넣지 않으면 그 맛을 느끼지 못했다.

어째서 이런 차이가 생기는 것일까.

다시 철학적인 문제로 돌아가 어느 회사 사장의 말을 들어보도록 하자.

"이것은 인간이 동물이라는 증거입니다. 동물은 본능적으로 살아가게 되어 있습니다. 즉, 본능이란 자신의 생명을 지키는 구조를 가지고 있지요. 따라서 생명을 지키기 위해서는 위험에 민감해지는 것입니다. 안전에는 민감해지지 않지만 고통에는 상당히 민감해지는 것이지요."

인간이라는 존재의 불가사의가 이 말 한마디에 축약되어 있다.

"고뇌하는 것만이 성공의 지름길이다."

05 자신 있는 일을 하는 습관

실패를 두려워 말라
설령 실패할지라도 그 교훈을 커다란 원동력으로 삼아라

브레인스토밍(Brain Storming)이란 여러 사람들이 자유롭게 의견을 교환하면서 새로운 아이디어를 만들어내는 회의이다.

브레인스토밍에는 몇 가지 규칙이 있다. 그 중 가장 중요한 것은 타인이 내놓은 아이디어를 부조건 부정해서는 안 된다는 것이다.

예를 들어 누군가가 발언을 했을 때 '그런 것은 잘 될 리 없어.' 라든가 '그렇게 많은 비용이 들 리가 없지.' 라는 식으로 제멋대로 부정적인 단정을 지어서는 안 된다는 것이 규칙이다.

자신이 발표한 의견이 느닷없이 이런 식으로 평가를 받게 되면, 다음부터는 더 이상 발언할 마음이 없어지게 된다. '이런 말을 하면 또 트집을 잡겠지?' 하고 망설이게 되며 결국 적극성이 떨어질 수밖에 없기 때문이다.

어떤 승부에서 패배를 했을 때, 인간은 두 종류로 나눠지게 된다.

패배 후 폐인처럼 무너지는 타입과 오히려 강해지는 타입이다. 패배가 반드시 나쁜 것만은 아니다. 그 결과 사람까지 폐인처럼 망가지는 것이 문제이다. 결국 패배를 거듭하더라도 강해질 수 있다면 인생의 승부에서는 승자가 될 수 있다는 것이다.

우리는 누구든지 실패를 두려워한다. 그러므로 새로운 아이디어가 나올지라도 '그것은 아무래도 무리야.' 라든가 '그런 일을 하면 실패할 것이 뻔해.' 등등 애초부터 발뺌을 하기 십상이다. 그러나 이것은 모처럼 나온 좋은 아이디어의 싹을 아예 처음부터 뽑아 버리는 일이다.

이런 일이 몇 번이고 되풀이되면 '역시 나는 머리가 나빠.' 라든가 '난 어쩔 수 없는 인간인가 봐.' 하고 체념하게 된다. 그러면 매사에 소극적인 인간으로 변하게 된다.

자신이 먼저 솔선하여 무엇인가를 하고자 하는 자세가 줄어들고 늘 누군가가 발언하겠지 하는 소극적인 생각에 빠지게 된다. 그렇기 때문에 어떤 새로운 일을 시작할 때는 우선 쓸데없는 고민을 하지 않는 것이 중요하다.

'실패를 두려워 말라. 설령 실패할지라도 그 교훈을 커다란 원동력으로 삼아라.'

나약하고 항상 비관적인 생각을 갖기 쉬운 사람이 강하고 적극적인 성격으로 탈바꿈할 수 있는 방법이 있다. 무엇이든지 한 가지 좋아하고 자신 있는 일을 소유하는 것이다.

'흥미를 가지는 일이 숙달로 향하는 지름길' 이라는 말이 있듯이 자신이 좋아하는 일을 장점으로 개발하는 것이다.

만약에 영화를 좋아한다면 누구에게도 지지 않을 만큼 그것에 대해 전문적이고 보다 자세한 지식과 정보를 갖는 것이다. 이는 곧 자신만의 재능이 되어 타인과 차별화될 수 있는 장점으로 작용될 수 있다.

물론 이것이 실생활에 그다지 큰 도움은 되지 않을 수도 있다. 하지만 남과는 다르고 월등한 특기나 재능 등 장점이 있다는 것을 의식하는 것만으로도 적극적이게 된다. 이와 같은 마음가짐은 보다 강한 힘으로 적극적으로 전진할 수 있는 소중한 첫걸음이 되어줄 것이다.

플러스적인 자기 암시를 주는 습관

어려운 일에 메달려 괴로워하면 안 된다
두려움은 성공의 적이다

쉬운 일을 할 때는 정신이 산만해지기 쉽고, 어려운 일을 할 때는 마음이 약해져서 지레 겁을 먹기 쉽다. 이로 인해 실패를 자초하는 일이 종종 생겨난다. 일이란 무턱대고 달려들면 곳곳에 은폐되어 있는 함정에 빠질 수도 있지만, 신중하게 대처하면 때때로 불가능하게 보이던 일도 성취해 낼 수 있다.

일단 계획이 수립되면 꼼꼼하게 검토해야 한다. 하찮은 일도 괜히 지나친 기우로 불안과 두려움을 가져다 줄 수 있다. 어려운 일에 매달려 괴로워하면 안 된다. 두려움은 성공의 적이다. 두려움이 걸림돌이 되어 자신감이나 주도성을 뒤흔들기 때문이다.

골프를 쳐본 사람이라면 누구든지 이런 경우와 맞닥뜨린 경험이 있을 것이다. 워터 해저드인데 눈앞의 연못이란 장애물 때문에 신경이 쓰여 제 실력을 발휘하지 못한다. 공이 연못에 들어가면 안 된다는 생각에 사로잡혀 온몸이 경직된다. 그래서 겨우 공을 치지만 결국 실수를 하고 마는 것이다.

왜냐하면 공이 연못에 빠질지 모른다는 불안과 그 결과 곤란해질 것이라는 우려가 동시에 작용했기 때문이다. 그런 걱정 속에서 결국 공을 연못에 빠뜨리고 마는 것이다.

이런 경험을 두세 번 반복하다 보면 연못이 있을 때마다 위축되기 마련이다.

'어쩌면 잘 안 될지도 몰라.' 하고 생각하며 한 일은 결국 부정적인 쪽의 결과를 초래할 뿐이다.

그것과는 상반되게 '반드시 잘 될 거야. 성공하게 될 거야.' 하고 확신을 갖고 한 일은 그대로 실현되는 경우가 많다. 자기 스스로가 자기암시에 지배당하고 있기 때문이다.

예로부터 함께 먹으면 안 된다고 전해지는 상극의 음식이 있다. 예를 들면 수박과 튀김은 상극이라 할 수 있으며, 또 매실과 장어도 함께 먹으면 반드시 배탈이 난다고 한다. 그러나 사실 의학적인 근거는 없으며 암시에 의한 영향이라는 설에 더 가깝다.

한 남자가 어렸을 적에 튀김과 수박을 몇 번이나 함께 먹은 적이 있었다. 그러던 그가 고등학생이 되었을 때 누군가로부터 튀김과 수박은 상극이니까 같이 먹으면 몸에 해롭다는 주의를 듣게 되었다. 그때까지만 해도 그는 상극이 되는 음식이 있다는 사실을 모르고 있었던 것이다. 그러나 그 말을 들은 이후로 튀김과 수박을 먹으면 반드시 설사를 일으키게 되었다. 어른이 된 지금도 튀김과 수박을 보기만 해도 기분이 나빠진다는 것이다.

이처럼 자기암시의 힘이라는 것은 정말 대단하다. '나는 천성적으로 몸이 약하다.' '나는 마음이 약해서 그런 일은 못한다.' '나는 사람들과 사귀는 데는 서투르다.' '나는 아둔하니까' 이런 생각들은 모두 마이너스적인 자기암시이다.

　이와 같은 나쁜 암시를 자신에게 줌으로써 정말로 그런 일을 발생시키는 것이다. 이것이 마음의 법칙이다. 자신에게 마이너스적 암시가 아닌 플러스적 암시를 주는 것이 중요하다.

작은 인연도 소중히 여기는 습관

마음을 겸허하게 가지고 주변의 말에 귀를 기울여보라
소매를 스친 정도의 작은 인연도 소중히 하라

소인(少人)은 인연을 맺어도 인연인지 모르고
범인(凡人)은 인연인 줄은 알지만 인연을 살리지 못하며
대인(大人)은 소매를 스치는 작은 인연도 살리느니라.

무술에 남다르게 뛰어났던 어느 무인의 글이다. 검술의 달인임
은 말할 나위도 없고, 인간학에도 통달해 있던 그의 면모를 엿볼
수 있다. 이 말의 의미는 한마디로 소매를 스치는 사소한 만남까지
도 소중히 여기는 것이 중요하다는 것이다. 인맥이 무엇보다 소중
한 재산임을 강조하고 있다.

돈 떨어지면 친구도 떨어진다는 이야기가 있다. 돈이나 권력을
목표로 사귀는 사람들을 빗대는 말이라고 생각한다.

물론 돈은 귀중한 자산이다. 그러나 이 세상은 돈으로 살 수 없
는 인간의 가치가 있는 법이다. 인간의 가치가 돈만으로 정해질

수 있다면 예금통장의 잔액이 문제시 될 것이다. 그러나 그런 일은 삶에 있어 지극히 마이너스적인 발상이다.

돈이 전부가 아님은 모든 사람이 알고 있다. 그렇다면 인간의 가치는 대체 무엇으로 기준 되는 것일까?

인간의 가치란 그 사람의 인격이라 생각된다. 견해에 따라서는 그 사람의 인격은 돈 이상의 가치를 낳는다. 그 인격에 사람들이 모이고, 돈마저도 모이게 되기 때문이다. 그 사람이라면 정말 틀림없다고 믿게 하는 매력이야말로 인간이 지닐 수 있는 진정한 가치라고 생각한다.

게는 자신의 껍질과 비슷한 크기의 구멍을 판다고 한다. 인간의 경우도 마찬가지라 생각한다. 자신이 판 구멍의 크기가 그 사람의 그릇의 크기가 아닐까. 그릇이 큰 사람은 예외 없이 겸허하다. 논어에 나오는 공자의 말을 잘 이해하고 그것을 실천하면서 살아가는 삶이야말로 겸허한 것이다.

'세 사람이 길을 가면 반드시 스승이 있다.'고 공자는 가르쳤다. 세 사람이 더불어 여행을 하면 나 외에는 모두가 스승이라는 것을 깨닫게 하는 글이다. 같은 동반자인 두 사람으로부터 배울 수 있는 점이 많기 때문일 것이다. 인생의 행로에 있어서 자신의 스승으로 받들만한 사람은 도처에서 찾을 수 있다. 단지 그것을 스스로 깨닫지 못하기 때문에 자신에게는 스승이 없다고 속단하는 것뿐이다.

마음을 겸허하게 가지고 주변의 말에 귀를 기울여보라. 소매를 스친 정도의 작은 인연도 소중히 하라. 스승은 도처에 널려 있다.

삶을 성공적으로 이끌어가는 습관

우리의 성공을 이끌어줄
에너지를 발견하는 중심축은 바로 자기 자신이다

　우리가 그토록 갈망하고 누구나 한번쯤 품어봤을 성공이란 무엇인가? 성공이라는 단어를 떠올릴 때 가장 먼저 연상되는 것이 무엇일까? 지금 하고 있는 일과 자리에서 정상에 오르는 것일까? 아니면 헤아릴 수조차 없는 부를 얻는 것일까? 혹은 타임지 표지를 장식하거나 국제적인 명성을 쌓는 것일까?

　성공을 한마디로 정의할 수 없는 것은 개개인마다 두는 가치가 다르기 때문이다. 그러나 우리가 분명하게 깨달아야 하는 것은 성공에는 높낮이가 없다는 것이다.

　아프리카 오지에서 박애와 평화를 위해 봉사하는 사람이 타임지 표지에 실린 유명인사보다 가치가 떨어지는 삶을 산다고 볼 수 없기 때문이다. 어떤 사람이 부자가 되고 정치가로 권력을 잡고 이름을 드높인다고 해서, 그들을 바라보는 더 많은 사람들이 실패자일 수는 없다.

자신이 의미를 부여하고 가치관으로 정립시킨 어떤 길도 성공으로 통하는 길목인 것이다. 목표로 하는 것이 물질적이든 정신적이든 상관이 없다. 역사적으로 남을 숭고한 정신의 산물이든, 한 시대를 풍미하는 대중적인 결과이든 모두가 소중하다. 명예라서 빛을 발하고 실리적이라서 매도당할 수도 없다. 개인이 품은 목표와 그에 따른 성공의 가치는 그것만으로도 소중하기 때문이다.

결론적으로 자신의 삶을 성공적으로 이끌기 위해서는 단 한 사람이 필요하다는 것이다. 우리의 성공을 이끌어줄 에너지를 발견하는 중심축은 바로 자기 자신이다. 자신을 먼저 발견하고 훈련시키는 것이 성공을 위한 밑거름이다. 또한 그로 인해 의미를 찾고 목표를 정한다면 누구나 성취감을 맛볼 수가 있다.

행여 자신의 미래에 대한 확실한 비전이나 성공 목표를 찾지 못했다면 몇 가지 질문을 스스로에게 던져보는 것도 좋다. 우선 '내 삶의 목적은 과연 무엇일까?'라는 큰 질문을 던지고 보다 구체적인 사항으로 접근해가는 방법이다. '앞으로 어떤 일이 일어났으면 좋을까?' '나는 어떤 분야에서 만족과 즐거움을 찾을 수 있을까?'라는 문제를 제시하는 것이다. 그리고 '지금 현실에 닥친 문제는 무엇이며 어떻게 해결할까?'라는 당면한 문제에 대한 해결책을 모색하는 과정이다. 지금의 문제를 해결해가는 과정에서 성취감과 즐거움을 얻고, 그로 인해 최종적인 자신의 꿈을 구축할 수 있는 방법이 될 수 있다.

성공은 결코 먼 곳에 있는 허상이 아니다.

저명한 심리학자인 골드 박사의 회고록을 보면 성공하는 사람들의 5가지 습관을 이렇게 정의하고 있다.

첫째, 걸음걸이가 빠르다. 걸음걸이가 빠른 것은 성취욕과 부지런함을 보여주는 것이다.

둘째, 앞자리에 앉거나 앞쪽에 선다. 앞자리에 앉는 것은 적극적이고 진취적이며, 뒷자리에 앉는 것은 소극적이고 방관적이라는 것이다.

셋째, 시선을 집중한다. 대화할 때 상대방의 눈을 바라보고 시선을 집중하는 사람은, 자기 분야에 집중력이 강하고 월등하게 앞설 가능성이 있다는 것이다.

넷째, 항상 웃음 띤 얼굴이다. 웃음은 좋은 인간관계를 맺게 해준다.

다섯째, 모든 일에 긍정적으로 생각하고 표현한다. 고통당할 때 낙심하거나 다른 사람을 원망하는 사람은 발전이 없다.

'나는 가능하다' 고 믿는 습관 09

자신감으로 시작하면 무슨 일이든
적극성을 띠며 승리할 수 있는 에너지가 된다

남을 아는 사람은 슬기로운 자이지만 자신을 아는 사람은 더욱
슬기로운 자이다. 남을 이기는 사람은 힘이 있는 자이지만 자신을
이기는 사람은 더욱 강한 자이다.

도덕경에 나오는 말이다.

'오늘부터 금주, 금연이다!' '오늘 안으로 일을 반드시 끝낸
다!' 라는 결심을 정말 실천해 보이는 사람에게 우리는 존경스럽
다는 말을 아끼지 않는다. 그만큼 강인한 의지력과 실천력에 감
탄하기 때문이다. 하지만 보통의 경우 그렇게 행동하기란 생각처
럼 쉽지가 않다. 일단 결심은 쉽게 하지만 '누구에게 약속한 것
도 아닌데' 라는 생각에 슬그머니 자신에게 관대해지는 것이 대
부분이다. 결국 결심은 조금씩 중화돼가고 나중에는 포기하는 결
과만 초래한다.

실행하기 힘든 결심을 끝까지 지키고자 한다면, 가능하면 주변에 알리는 것이 좋다. 생각만으로 결심을 하지 말고 직접 입을 통해 말하는 것이다. '유언실행' 이자 '호언장담' 의 방법이다. 결심을 표면화시키고 그로 인해 주변 사람들이 지켜보고 있다는 자각은 자신감을 높여주는 긍정적인 방법이 된다. 또한 무엇보다 중요한 것은 자신과의 약속이다. 나는 무엇이든지 할 수 있다는 자신감을 스스로에게 끊임없이 주입시키는 습관이 곧 발전이라는 것을 깨달아야 한다.

지금까지 우리들을 지배하고 있던 공포나 불행의 예감을 긍정적이고 발전적인 신념으로 바꿀 수가 있다. '나는 가능하다' 라는 신념이 바르게 이해되고 습관 속에서 실천될 수만 있다면 무엇으로도 막을 수 없는 큰 힘을 발휘한다.

할 수 있다는 자신감은 우리 인간행동의 절실한 기폭제이다. 자신감으로 시작하면 무슨 일이든 적극성을 띠며 승리할 수 있는 에너지가 된다. 싸움닭을 훈련시킬 때 주인은 시합에 나가기 전까지 약한 상대만을 골라 연습을 시킨다고 한다. 오로지 승리만을 닭에게 주입시키고 각인시키기 위함이다. 패배를 모르는 닭은 자신감으로 넘쳐 더욱 강해지고 어떤 강적을 만나도 기가 꺾이지 않는 것이다.

동양의 가르침 가운데 비육지탄(髀肉之歎)이라는 말이 있다. 칼과 창을 들고 전쟁터에 나가야할 장수가 그러지 못해 다리에 살만 쪄서 한탄한다는 뜻이다. 아무것도 할 수 없으니 세상에 이름을 떨칠 기회가 사라져 탄식할 뿐이다.

자신감으로 마음을 다져 실행하는 것이 무너진 자존심을 세우는 일이다. 잠시 정체에 빠진 자신을 돌아보고 지금 필요한 것이 무엇인가를 깨달아야 한다. 그리고 자신을 굳게 세울 신념으로 다시 칼과 창을 드는 것이다.

자기중심에 신념을 심어놓은 사람은 어떠한 불안이나 혼란에 직면했을 때에도 승리의 함성을 지르며 살아갈 수 있다.

10 목표를 매일 확인하는 습관

의도적으로 매일매일
자신의 목표를 확인하는 것은 매우 중요한 일이다

"꼭 이루고 싶은 소망이 있다면 목표를 향해 지금 행동으로 옮겨라. 오늘이 지나면 간절하게 소망하던 일이 한순간의 공상으로 끝날지도 모른다."

미국 심리학자 멜번의 말이다.

실행하지 않는 착상을 공상 또는 망상이라 일컫는다. 만약 이런 공상과 망상 속에서 생활하며 스스로 깨닫지 못하고 있다면 뜻밖의 실망과 고통이 찾아온다. 그러므로 실행과 착상과의 경계를 잘 구별하여 때때로 점검해야 한다.

막연한 공상에만 빠져서 행동은 조금도 하지 않는 사람을 가리켜 질책하는 말이다. 상황은 조금씩 다를지라도 누구에게든지 적용이 되는 이야기이다.

소위 현대인이라 일컫는 우리에게 정말 뜻밖의 사실이 드러난

적이 있다. 그것은 자신의 소원이 무엇인가를 구체적으로 알고 있는 사람은 백 명 중 한 사람 정도라는 조사결과이다. 무엇을 하든 잘 살기만 했으면 좋겠다고 막연하게 생각하는 사람들이 대부분이라는 것이다.

이러한 사람들은 무엇을 향해 인생을 살아가는 것일까. 도착할 목적지도 없이 망망대해를 이리저리 표류하는 것과 전혀 다를 바 없는 삶일 뿐이다.

우리는 나름대로 열심히 살아가고 있는 것같이 보인다. 그런데 열심히 노력하는 것에 비해 성공하는 사람은 적은 것이 현실이다. 그렇다면 그냥 무조건적으로 노력만 하는 것 외에 달리 무엇인가 필요한 것이 있지 않을까.

필요한 그 무엇이 중요한 포인트이다. 그것은 바로 인생의 목표이다. 확실한 목표를 정하고 거기에 도달하기 위하여 확신을 가지고 생활하는 것이 무엇보다 중요하다.

자신의 인생에서 정말 무엇을 얻고자 하는지부터 확실하게 파악하라. 그리고 목표가 정해졌으면 그것을 실행하기 위해 다음 단계로 넘어가라.

다음 단계는 목표를 달성하고 있는 자신의 모습을 마음에 선명하게 그리는 것이다.

예를 들면 자신이 독립하여 한 회사의 대표로 일하고 있는 모습, 또는 영업 성적이 가장 우수하여 높은 지위로 승진한 모습, 갖고 싶어 하던 승용차를 타고 고속도로를 질주하는 모습 등 장기적인 목표나 단기적인 목표를 선명하게 영상화시켜 잠재의식에 또렷하게 새겨두는 것이다. 여기서 결정적으로 중요한 것이 있다,

그것은 그 영상을 현실화하기 위한 행동이다. 영상으로 그린 모습을 단순한 공상이나 꿈으로 끝나게 해서는 안 될 일이다. 자신이 꿈꾸는 모습에 접근하기 위한 구체적인 행동을 시도하지 않는다면 결국 아무 것도 아닌 것이 되기 때문이다.

그런데 자칫 그 결의가 흔들릴 때가 있다. 혹은 무의식중에 잊혀 지기도 한다. 그러므로 일단 정한 목표를 기록해 두는 것이 좋다. 그리고 자신의 눈에 잘 띄는 곳에 붙여 두거나 수첩, 지갑 등에 끼워두고 하루에 몇 번이고 볼 수 있도록 한다.

목표를 정하고 그것을 잊지 않기 위해 매일 눈으로 확인하는 습관 속에서 행동력이 발휘되는 것이다. 의도적으로 매일매일 자신의 목표를 확인하는 것은 매우 중요한 일이다. 행여 자신감이 결여되거나 추진력에 문제가 있을 경우 다시 한 번 자각할 수 있는 좋은 기회가 된다. 그리고 마음에 새겨놓은 영상을 더욱 더 선명하게 해주는 일이기도 하다.

잘 되리라고 확신하는 습관 11

> 좋은 습관으로 성격을 다스린다면
> 성공이란 새로운 문을 열 수 있을 것이다

'전혀 운이 없었어.' '오늘은 정말 운이 나쁜 날인가 봐.' '난 어째서 이렇게 재수가 없는 걸까.' 라고 항상 투덜거리기만 하는 사람이 있다.

그러나 운이 나쁜 것은 자기 자신에게 문제가 있기 때문이다.

듀크 대학의 심리학자인 라인 박사는 '당신이 받아들이는 운은 당신 스스로 결정짓는 것이다.' 라고 설명하고 있다.

우리들은 모두 스스로가 자신의 운명을 만들고 있다는 의미이다. 사람이라면 누구를 불문하고 불운을 바랄 리는 없다. 이것은 지극히 당연한 일이다.

그렇다면 이제부터 어떻게 해서 당신 스스로가 불운을 불러들이고 있는지 살펴보자.

당연히 우리들은 의식적으로는 불운을 바라지 않는다. 그러나 우리들은 잘못된 생각이나 행동으로 무의식적으로 불운을 불러들이는 일이 종종 있다.

행운이나 불운은 스스로 결정짓는 것이다. 그렇다면 행운을 불러들이기 위해서는 어떻게 하는 것이 좋을지 명백해진다.

무엇보다 중요한 것은 어떤 일을 시작할 때 나쁜 결과를 먼저 상상하지 말아야 한다는 점이다. 오히려 멋지게 성공한 모습을 자신 있게 마음속에 그려보는 것이 현명하다.

현실적으로 그다지 좋지 못한 상황일지라도 '이것은 나를 위해 좋은 일이 벌어질 징조다.' 라고 믿고 대응하도록 한다. 다시 말해서 어떠한 경우라도 결단코 불운이라고 인정해 버려서는 안 된다는 말이다.

그리고 더욱더 중요한 것이 있다. 그것은 행동이다. 행운을 불러들이기 위해서는 최선을 다해 행동으로 옮기는 것이 중요하다. 구하면 얻을 수 있다는 말을 젊은 사람들은 잘못 해석하고 선반 위의 떡이 떨어지기만을 기다리고 있다. 그러나 선반 위의 떡은 저절로 떨어지지 않는다.

바라는 물건이란 산과 같은 것이다. 저쪽에서는 기다리고 이쪽에서는 틀림없이 찾아갈 수 있는 것이다. 그러므로 길을 찾아 올라가야 한다. 단단히 마음을 먹고 떠난 사람들은 모두 산에 도달하고 있다.

누군가 나를 데리러 올 것이라고 생각하고 있는 게으름뱅이들은 결코 산을 정복할 수 없다. 사람들은 걸핏하면 사회는 부당하다고 말하지만 그렇게 말하는 쪽이 잘못된 것이다.

사회란 스스로 원하지 않는 것을 결코 주지 않는다. 원하는 것을 얻기 위해서는 인내하며 노력해야 한다. 산은 올라가는 자에게만 정복되는 것임을 기억하라.

　운명은 그 사람의 성격에서 만들어진다. 그러기에 하루하루 좋은 행동의 씨를 뿌려서 좋은 습관을 만들어 나가지 않으면 안 된다. 좋은 습관으로 성격을 다스린다면 성공이란 새로운 문을 열수 있을 것이다.

12 생각을 실천하는 습관

생각을 행동으로 옮기는 실행력과
적극적인 자세가 무엇보다 중요하다

옛말에 '네가 남에게 받고 싶고 원하는 만큼 남에게 베풀라'는 말이 있다.

세상은 내가 원하는 만큼 많은 사람들도 그 정도의 것을 바라고 있는 법이다. 그래서 상대의 입장이 되어 생각해보는 습관, 그리고 아무리 사소한 일일지라도 그 생각을 행동으로 옮기는 실행력, 이 두 가지는 대단히 중요한 일이다.

그리고 또 한 가지 중요한 것은 적극성이다. 소극적인 사람이 적극적으로 되는 비결은 '먼저 선수를 친다.'는 것에 있다. 왜냐하면 소극적인 사람에게는 이것이 가장 힘든 것이기 때문이다.

다른 사람 앞에서 말을 할 때도 우선 결론부터 제시하는 습관을 들여야 한다. 연회석이나 회의석상이라면 더더욱 서두에 결론부터 매듭짓듯 말하는 것이 효과적이다. 왜냐하면 그런 다음 이야기를 풀어나갈 경우 더 많은 집중과 관심을 받을 수 있기 때문이다.

만약에 직원이 사장에게 업무결과를 보고할 때 내용이 좋지 않다고 가정을 해보자. 그럴 경우 직원은 보고하기가 꺼려질 것이고 괴로워할지 모른다.

그런데 그가 소극적이고 나약한 성격이라면 '저, 실은…'라는 자신 없는 투의 서두부터 꺼낼지도 모른다. 혹은 교묘하게 변명부터 늘어놓거나 이리저리 핵심을 피하는 바람에 횡설수설할 수도 있다.

어느 정도 변명거리를 준비했다면 일단 먹혀들지도 모른다. 하지만 그 변명은 난감한 상황을 피하고자 하는 임시방편의 태도에 불과하다. 그런 직원의 자세를 눈치 챈 사장이라면 당장 '그래서 어찌 되었다는 거지?'라고 언성을 높이게 될 것이다. 결국 그런 상황이라면 나약한 직원은 더욱 당황해 고개를 숙이고 눈치만 살피게 된다. 가장 최악의 상황이고 쉽게 수습할 수 없는 결과를 초래하는 순간이 되고 만다. 사장이 속으로 '저 친구는 안 되겠군. 쓸 만한 인재가 될 수 없겠어!'라고 생각했다면 좋은 평가가 나올 수가 없다.

그러므로 적극성을 몸에 익히기 위해서는 일단 결론부터 언급하는 것이 포인트라 생각된다. 그리고는 상대의 기선을 제압하도록 해야 한다. 다시 말해 상대를 향해 먼저 이쪽에서 결과를 제시해 반응을 살펴보는 것이다. 그러면 상대는 당연히 그것에 대해 '어떻게 그런 결과가 나왔지?'라며 되물어오게 된다.

매사에 우유부단하지 않고 선수를 쳐서 행동하는 자세가 중요하다.

13 계획에 강약을 주는 습관

계획 실천의 유효성을 생각할 때
계획에 생명력을 불어넣고 리듬과 균형을 취하는 것이 중요하다

차(茶)에 관한 도요토미 히데요시의 일화이다.

전쟁 중에 그는 잠시 절에 들러 차를 한 잔 청한 적이 있었다. 그 절의 행자인 이시다 미쯔나리는 처음에는 미지근한 차를 찻잔에 가득 담아 내주었다.

두 번째는 조금 따뜻한 차를 찻잔의 절반 정도 따라 대접했다. 그리고 마지막에는 뜨거운 차를 잔에 조금 따라서 대접하였다.

땀을 많이 흘린 다음에는 갈증이 몹시 난다는 것을 잘 알고 있는 미쯔나리의 지혜였다. 그래서 목이 마른 도요토미에게 첫 번째는 미지근한 차를, 두 번째는 차의 맛을 즐길 수 있도록 따뜻한 차를, 마지막에는 느긋하게 차의 향기를 음미할 수 있도록 뜨거운 차를 내놓았다. 이는 차를 마시는 사람의 마음을 헤아려 대접한 것이다. 이것이 그 유명한 '세 잔의 지혜'이다.

심리학에 '시계추 운동'이라는 용어가 있다. 자기는 이 정도면

성공하리라, 이 정도는 하고 싶다고 자기 자신에게 기대하고 분발하는 높이를 요구 수준이라고 말한다. 일반 사람들은 처음에는 높은 레벨의 요구를 하다가 자기 능력이 미치지 못하는 것을 보고는 레벨을 낮추고 또 조금 높이고 또 조금 낮추는 시계추 운동을 되풀이하면서 적절한 레벨을 선택하게 된다고 한다.

예를 들어 중기계획인 일년지계를 세울 때, 홀수 달에는 높게 짝수 달에는 낮게 비중을 두는 것이다. 바로 시계추 운동을 적용하여 계획에 대한 실천을 균형 있게 하는 방법이다. 그래서 1월의 경우 신년의 의욕과 주변의 요구도에 따라 열심히 일을 한다. 2월은 조금 속도를 줄여 반드시 수행할 수 있는 계획을 천천히 해결한다. 다시 3월은 정력적으로 일을 하고 4월은 강도를 낮춰 힘의 안배에 신경을 쓴다는 것이다.

그런데 만약에 1년 계획을 타이트하게 그리고 너무 높게 설정하면 어떻게 될까. 경직되어 도중에 움직일 수 없게 되어 좌절하게 될 것이다. 좌절하면 자신을 잃고 패배의식에 빠져 위험에 놓이게 된다. 그러면 반대로 천천히 낮게 정하면 어떻게 될 것인가. 마음의 자세는 하향적이 되며 매사를 소극적으로, 끝내는 나태한 습관까지 만들게 되며 이것 또한 인생을 괴멸하게 하는 결과를 초래할 것이다.

복싱에서는 펀치에 강약을 주라고 하는데, 계획수립도 마찬가지다. 계획 실천의 유효성을 생각할 때 계획에 생명력을 불어넣고 리듬과 균형을 취하는 것이 중요하다. 중기계획의 경직화와 공동화를 막기 위해서는 이시다 미쯔나리의 '세 잔의 지혜'와 '시계추 운동'이 유효할 것이다.

14 망설임 없이 실행하는 습관

먼저 할 수 있는 것부터 순서대로
하나씩 처리해 나가야 한다

차일피일 미뤄두었던 일이 있으면 지금 시작하라. 오늘이 지나면 그 일을 시작할 기회가 없을지도 모른다.

이것은 P. 마이어가 쓴 '지금 시작하라'의 한 구절로 이리저리 핑계를 대며 좀처럼 행동을 하려 들지 않는 사람을 질타하는 말이다.

기업의 경영자, 샐러리맨, 교육자, 과학자, 기술자, 예술가, 서비스업 종사자 등 세상에는 각종 다양한 직업의 사람들이 있다. 그러나 어느 분야의 사람이든 간에 다음 두 가지 유형으로 나눌 수 있을 것이다.

하나는 성공한 사람의 그룹이고, 또 한 그룹은 성공하지 못한 사람들의 그룹이다. 이 양자를 분리하는 것은 무엇일까. 그것은 행동력의 차이라고 생각한다. 성공한 사람들은 모두 행동이 적극적인 반면 성공하지 못한 사람, 즉 아무리 세월이 흘러도 역경에서 헤어나지 못하는 사람은 소극적이다.

소극적인 그룹의 사람들은 여러 변명을 하면서 자신의 처지에서 새로운 약진을 도모하려 들지 않는다.

'아직은 완벽하다 할 만큼의 준비를 못했기 때문에…' 라고 변명을 하며 행동에 옮기지 않는 것이다. 할 수 없는 이유를 나열하는 데는 명인이라 할 수 있다.

예를 들어 책상 위에 서류가 산더미처럼 쌓여 있다고 가정하자. 어디서부터 손을 대면 좋을지 자신도 당황할 것이다. 그럴 때 적극적인 사람들은 우선적으로 자신이 손쉽게 할 수 있는 것부터 손을 대기 시작한다. 그 산더미 같은 서류 전부를 한 번에 모두 처리할 수는 없기 때문이다.

그래서 먼저 할 수 있는 것부터 순서대로 하나씩 처리해 나가야 한다. 그렇게 함으로써 일이 순조롭게 풀리고 차근차근 끝까지 해결할 수 있게 되는 것이다.

적극적인 사람과 소극적인 사람의 차이는 모든 행동에서 나타난다. 적극적인 사람은 그 자리에서 일을 처리하는 것이 습관처럼 되어있다. 그 결과 신뢰와 자신감을 얻고 고수입까지 보장받게 되는 것이다.

사회에서는 얼굴을 찡그린 염세주의자가 행세를 하고 있다. 언뜻 보면 싱글벙
글 웃는 사람보다 뭔가 심오한 것을 생각하고 있는 것처럼 보인다. 그러나 얼
굴을 찡그리고 있는 사람일수록 아무 생각도 하고 있지 않다. 아무것도 생각
하고 있지 않은 사람일수록 아무것도 생각하고 있지 않다는 사실이 들통 나지
않도록 염세주의자가 되는 것이다. 열심히 생각하는 사람일수록 미소를 짓는
다. 그래서 낙관주의자가 성공하는 것이다.

2

자신만의
이미지를 창출하라

Power of
habit

HABITS TO
success

상대의 말을 경청하는 습관 01

아무리 달변을 늘어놓는다고 해도
상대를 설득시키지 못한다면 말을 잘 한다고 할 수 없다

세계 최고의 두뇌를 가졌던 아인슈타인이 인생 최고의 공식이
라며 성공 공식을 발표한 적이 있다.

인생의 성공 공식은 $a=x \times y+z$ 이다.

a는 인생의 성공이라면 x는 일이고 y는 휴식이다. 그리고 z는
침묵을 지키는 것이다.

얼마나 말을 잘 하느냐 하는 것만큼 얼마나 말을 절제할 줄 아
느냐 하는 것도 무척이나 중요한 일이다. 우리가 하루에 내뱉는
말 중에 얼마나 불필요한 말이 많은지, 또 해서 오히려 더 손해를
입는 말들이 얼마나 많았는지….

침묵해야 할 때 침묵할 줄 아는 것 또한 인생의 성공이라고 한
아인슈타인의 말을 명심할 필요가 있다.

말이 많으면 쓸 말이 적다는 말이 있다. 쓸데없이 말이 많은 사
람은 정말 알맹이 있는 말은 하지 못한다는 뜻이다. 이런 사람들

은 말만 번지르르하고 행동이 따르지 못하여 실속이 없다.

말을 잘 하지 못하는 청년이 어느 날 상담을 하고 싶다고 청해 왔다.

그는 이렇게 말했다.

"저는 말을 잘 하지 못해서 언제나 손해를 봅니다. 화술을 배워 말을 잘 하고 싶은데 어떻게 생각하십니까?"

그 물음에 상담자가 대답했다.

"달변가 두 사람이 함께 이야기를 나눈다면 어떻게 되겠습니까? 그들은 자신의 이야기에 열중하여 상대의 이야기를 들어줄 마음의 여유가 없을 것입니다. 때문에 서로가 상대에 대해 못마땅하게 여길 것이 당연하지요. 자신의 이야기를 귀 기울여 들어주지 않으니까 불쾌할 수밖에요. 그러니 반대로 자신의 이야기를 일일이 수긍해 주면서 열심히 들어주는 사람과 만나게 되면 몹시 기뻐할 것입니다. 달변가뿐만 아니라 사람들은 누구든지 자신의 이야기를 잘 들어주는 사람에게 호감을 갖게 되어 있습니다. 그러니까 말주변이 없다고 그렇게 걱정할 필요는 없다고 생각합니다. 남보다 상대의 이야기를 잘 들어줄 수 있는 장점이 있으니까요."

그래도 청년은 잘 이해가 가지 않는 표정이었다. 그는 뭔가를 말하고 싶어 했으나 말이 잘 나오지 않는 것 같았다. 그는 정말 천성적으로 말주변이 부족한 모양이었다.

화술을 배우기 위해 공부를 한다고 해도 효과는 기대할 수 없을지도 모른다고 미리 못 박아둔 상담가의 충고는 계속되었다.

"말주변이 없다고 하는 마이너스를 역이용하여 플러스로 만들면 좋지 않겠습니까? 이 플러스란 것은 상대의 말을 잘 들어주는 데서 오는 긍정적인 결과입니다."

달변가가 되는 것보다 상대의 말을 잘 들어주는 것이 청년의 입장에서는 쉬운 일일 수도 있다. 그런 일은 청년에게 있어서 앞으로도 오랫동안 가능하며 어렵지 않기 때문이다.

우리는 흔히 말을 잘 하는 사람과 그렇지 못한 사람으로 구분하는데, 도대체 어디에 그 기준을 두는 것이 좋을까. 말을 끊임없이 연발하는 것을 달변가라고 할까? 아니면 물 흐르듯이 유창하게 말하는 것을 뜻하는 것일까?

설득을 목적으로 한 경우를 예로 들어 생각해보자. 아무리 달변을 늘어놓는다고 해도 상대를 설득시키지 못한다면 말을 잘 한다고 할 수 없다.

세일즈의 경우, 이쪽에서 아무리 유창한 세일즈 화술을 늘어놓을지라도 상대가 호응해주지 않거나 상품을 사주지 않는다면 모두 허사이다. 말을 잘한다, 못 한다는 목적 달성의 여부에 의해 결정되는 것이다. 어떤 경우일지라도 반드시 달변형이 좋다고 말할 수는 없을 것이다. 오히려 잘 들어주는 사람이 호감을 살 수 있지 않을까.

02 유머감각을 기르는 습관

유머는 마음의 여유이고
웃음은 인간관계의 윤활유라고 할 수 있다

'성공은 즐거운 모습에서 자란다.' 는 말이 있다. 햇빛은 열이며 빛이다. 우리가 밝고 행복한 것들로 마음을 채웠을 때, 그것을 통해 많은 사람들과 세상을 따뜻하게 밝혀줄 수 있다. 그리고 인간관계에서 즐겁고 행복한 모습을 만들어내는 가장 효과적인 빛은 바로 웃음이다.

미국의 비즈니스맨들은 유머에 능숙하다. 유머를 비즈니스에 있어서 필요한 하나의 에티켓으로 생각하고 있을 정도이다. 경영 세미나 같은 데서도 강사가 먼저 농담을 한 마디 던져 수강자들을 웃겨 긴장을 풀고 난 다음에 본론으로 들어가는 것이 일상화 되어 있다. 비즈니스가 힘들수록 인간관계도 그렇게 되기 쉽다. 그런 경직된 긴장을 풀어주는 것이 유머이다.

유머는 마음의 여유이고 웃음은 인간관계의 윤활유라고 할 수 있다. 유머의 필요성은 비즈니스 세계에만 필요한 것이 아니다.

우리의 일상적이고 사적인 교제에서도 대단히 중요하다.

한 미국인이 멕시코로 여행을 갔다가 호텔에서 잠시 휴식을 취한 후 거리로 나왔다. 거리로 나선 것까지는 좋았는데 깜박 잊고 손목시계를 호텔에 두고 나와 시간을 알 수가 없었다. 할 수 없이 길가에 앉아 있는 멕시코 인에게 시간을 물어보았다. 그러자 멕시코인은 자신의 옆에 서 있는 당나귀의 고환을 살짝 들어 올리더니 느긋하게 "3시 15분이요."라고 대답하였다.

미국인은 곧장 호텔로 돌아와 시계를 보았다. 그런데 멕시코 인이 말한 시각과 딱 들어맞는 것이었다. 이상하게 생각한 그는 이번에는 손목시계를 차고 그 멕시코 인을 다시 찾아갔다. 멕시코인은 "또 왔소?" 하며 당나귀의 고환을 치켜들더니 "4시 30분이요."라고 대답하였다.

그가 손목시계를 보니 정확하게 들어맞았다. 그는 정말 궁금해서 견딜 수 없었다. 그래서 멕시코 인에게 물었다.

"어떻게 당나귀 고환으로 시간을 정확하게 알 수 있는지 내게도 그 방법을 알려주시오."

멕시코인은 멋쩍은 얼굴로 이렇게 말했다.

"여보시오, 여기 앉아서 당나귀의 고환을 들어보시오."

미국인은 그의 말대로 앉아서 당나귀의 고환을 들어보았다. 그러자 당나귀의 다리 사이로 교회의 시계탑이 보였다.

03

상대방을 배려하는 습관

상대의 입장과 상황을 신중히 고려해
사소한 것이라도 배려할 마음이 중요하다

사람의 진정한 아름다움이란 사소한 것이라도 남을 배려하는 마음, 길가에 떨어진 낙엽 한 장에도 마음 아파하는 사람다운 사람이 마음속의 행복을 느끼는 것이다. 그러기 위해 가장 중요한 것은 마음을 느끼게 하는 것이다.

이전에 이런 일이 있었다.

한 방송국의 일요찻집이라는 프로그램에 출연했을 때 그 내용을 녹음한 테이프를 한 여인에게 보내준 적이 있다. 어떤 경위로 보내 주었는지는 잊었지만 그녀와는 만난 적이 없었다.

며칠이 지나 그녀로부터 편지가 왔는데 거기에는 300엔짜리 동양화 그림의 우표가 동봉되어 있었다.

"테이프를 보내 주셔서 감사합니다. 업무상 외국에 우편을 보낼 일이 많으시리라 생각되어 보내드립니다. 그때 사용하세요."

그녀는 내 인상에 깊게 남았다. 형식적인 인사 편지라면 그렇게까지 인상에 남지 않았을 것이다. 그러나 내 입장을 생각해 '아마 외국에 편지를 보내는 일이 많을 테니 우리나라의 미술품이 그려진 우표를 사용하면 멋지지 않을까?' 라고 생각해 준 그녀의 마음이 느껴졌기 때문이다. 그 순간 그녀는 절대 잊히지 않는 존재로서 내 머릿속에 기억된 것이다. '테이프 발송 요금입니다.' 라는 식으로 우표를 보내왔다면 '그렇군.' 하고 끝났을 것이다.

그런 마음을 느낄 수 있게 한다면 그 시점에서 인간관계가 시작되었다고 해도 과언이 아닐 것이다. 다음에 그녀를 만날 기회가 있다면 먼저 말을 걸 수 있을 것이고, 초면이라는 생각이 들지 않을 것이다. 예를 들어 몇 번을 만나도 교감할 수 없는 상대에게는 이런 친근감을 받을 수 없다.

그러나 이런 마음을 느끼는데 어려운 이유는, 그에 따른 자기만의 지침서가 없기 때문이다.

물론 누구나 자기 나라의 미술품이 새겨진 우표를 보낸다고 감동을 줄 수 있는 것은 아니다. 하지만 중요한 것은 상대의 입장과 상황을 신중히 고려해 '바로 이거야!' 라고 스스로 발견했다는 것이다. 그러기 위해서는 부드러운 감성과 사람을 보는 눈 등의 느낌이 필요할지도 모른다.

04 친절을 베푸는 습관

위대한 사람은 위대한 사람으로 인정하고
그 성공을 솔직하게 칭찬해줄 수 있어야 한다

친절(親切)이란 글자는 어째서 '친(親)을 끊는다(切)'고 쓰는 것
일까.

뜻을 살펴보면 '성의껏(切) 잘 대한다(親)'고 해석하는 것임을 알
게 된다. 사람들에게 성의껏 잘 대하기 위해서는 말이 필요하다.
친절은 말로 할 수 있는 것이다. 다른 사람이 낙심하여 의기소침
해 있을 때, 기운을 돋워 주는 말을 건네주는 것이야말로 진정한
의미의 친절이 아닐까.

나는 돈이나 재산이 없어서 남에게 친절을 베풀만한 여유가 없
다고 생각하는 사람을 종종 보게 된다. 이것은 잘못된 생각이다.
너무 돈이나 물질에만 구애된 나머지 잘못된 판단을 하고 있는 것
이다. 인간은 가진 것이 없을 때 남으로부터 계속 돈이나 물질을
받게 되면 그것을 바라는 버릇이 생겨 오히려 타락의 결과가 되기
도 한다.

친절한 말을 가리켜 석가는 '애어시(愛語施)' 라고 가르치고 있다. '무재칠시(無財七施)' 중의 하나이기도 하다.

무재 즉, '돈이나 재물이 아닌 선한 말로 남을 대하라.' 고 가르치고 있는 것이다. 선한 말을 하게 되면 그 말에 의하여 자기 자신도 선하게 변화되어 가게 마련이다.

우리들은 곤경에 처해 있는 사람에게나 나약한 사람에게는 친절을 베푼다. 그렇다면 강자나 많은 것을 누리고 있는 사람에 대해서는 어떠한가. 그러한 사람에게도 친절하게 대하고 있는가. 우리는 강자에 대해서는 비난하고 싶은 습성이 있다. 한창 번영을 누리거나 성공 궤도를 달리는 사람에게서는 단점을 찾아 추궁하거나 악담을 하고 싶은 경향이 있다.

자신의 상사나 높은 지위에 있는 사람에게 친절하게 하는 것을 비위나 맞추는 것이라고 오해하고 있지는 않은가.

힘없는 사람이나 성공한 사람, 자신의 상사, 한창 탄탄대로를 걷고 있는 사람 등 누구에게나 평등하게 친절을 베풀 수 있어야 한다. 약자나 곤경에 처해있는 사람에게만 편중하여 친절을 베풀기 때문에 약자만이 자신의 주변에 몰리게 되는 것이다. 이것이 '유유상종의 법칙' 이다.

그러나 이러한 상황에서는 자신의 발전을 기대하기가 어렵다. 위대한 사람은 위대한 사람으로 인정하고 그 성공을 솔직하게 칭찬해줄 수 있어야 한다. 그러한 마음가짐이 자신을 크게 만들어주기 때문이다.

자신이 성공하고자 마음을 먹는다면 약자에게도 강자에게도 한결같이 친절을 베풀라. 그것이 진정한 친절이다.

05 좋은 친구를 선별하여 사귀는 습관

손우(損友), 악우(惡友)와 교제하지 말고,
익우(益友)와 선우(善友)를 마음의 친구로 해야 한다

    공자는 '익자삼우(益者三友), 손자삼우(損者三友)'라고 말했는데, 유익한 친구와 해로운 친구에는 각각 세 종류가 있다는 뜻이다. 정직한 사람, 성실한 사람, 견문이 풍부한 사람을 친구로 삼는 것은 유익하다. 그 반대로 아첨하는 사람, 사람관계가 부드럽기만 한 사람, 입만 살아 있는 사람을 친구로 갖는 것은 해롭다고 했다.

    우리는 자신에게 아부만 하는 아무 쓸모없는 사람이라도 친구로 삼고 싶어 하는 심리가 있다. 왜냐하면 자신의 단점을 지적하는 사람보다는 무언가 칭찬을 해주는 사람을 주변에 두고 싶기 때문이다. 그래서 공자는 더욱 "좋은 약은 입에 쓰지만 병에는 이롭고, 충언(忠言)은 귀에 거슬려도 행(行)에 이롭다."고 가르치고 있다. 손우(損友), 악우(惡友)와 교제하지 말고, 익우(益友)와 선우(善友)를 마음의 친구로 해야 한다.

대표적인 서정시인 히로시는 친구의 정의에 대해 이렇게 말했다.

꽃 같은 친구 – 순풍일 때는 기꺼이 다가오지만 어려울 때가 되면 사라지는 친구

저울 같은 친구 – 늘 재산이나 신분의 경중을 재며 이쪽에 붙었다 저쪽에 붙었다 하는 친구

산 같은 친구 – 아무 말이 없어도 곁에 있는 것만으로도 다정함과 따뜻함을 느낄 수 있는 친구

땅 같은 친구 – 어떻게 하면 어느 정도 보답을 받을 수 있다든가 하는 계산 없이 일방적으로 주는 친구

'나는 과연 어떤 친구를 갖고 있나?'에 대해 한번쯤 생각해 보라. 그리고 '나는 누군가에게 어떤 친구가 되고 있나?'에 대해서도 고민해봐야 한다.

불가에는 다봉성인(多逢聖人)이라는 말이 있다. 좋은 사람을 만나면 좋은 결과를 얻는다는 뜻이다.

06 겸손이 묻어나는 유머를 구사하는 습관

어떤 어려움이나 위기에 처했을 때
그 한 가지 일에만 지나치게 매달리지 않는 이유, 그것은 얼마나 신선한가

사업가들 중에는 근엄함이 몸에 배인 사람도 더러 있지만, 사업을 해 나가는 데 있어서 유머와 미소의 중요성을 모르는 사람은 거의 없다. 딱딱함보다는 부드러움이 상대방을 설득하는 데 훨씬 효과적이기 때문이다.

오늘날의 사업은 과거보다 규모면에서 커지고 내용면에서 다양해지고 있다. 갈수록 치열해지는 경쟁 속에서 살아남기 위해서는 기업은 물론 개인도 저마다의 생존전략이 필요한데, 유머 감각은 치열한 전쟁터에 피어나는 한 떨기의 꽃이라고도 할 수 있다.

물론 유머 감각을 가지고 있다고 해서 누구나 행복한 사람은 아니다. 그러나 그것을 가지고 있지 않은 사람은 불행한 사람이다. 그리고 유머가 반드시 사업을 성공시켜 주는 것은 아니다. 그러나 유머가 결코 사업실패의 원인이 되지는 않는다.

케네디가 대통령이 되기 전 상원의원 시절, 한 초등학생으로부

터 질문을 받았다.

"의원님은 어떻게 2차대전 때 전쟁 영웅이 되셨나요?"

"그것은 내가 그렇게 되려고 해서 된 것이 아니었단다. 적군이 내가 탄 군함을 격침시켰기 때문이지."

이 유머 속에 케네디의 겸손함이 잘 나타나 있다. 그리고 이 유머는 사람들에게 감동을 주고 미소를 자아내기에 충분한 것이었다.

하지만 유머를 구사할 때는 몇 가지 주의할 점이 있다. 대부분의 경우, 유머 감각은 얼음 깨는 기계의 역할을 하지만 어떤 상황에서는 좋은 분위기를 깨는 역효과를 낼 수도 있다.

유머를 언제 어떻게 써야 하는가를 결정하는 데 있어서는 현명한 판단이 필요하다. 정도를 벗어난 유머는 쓰지 않는 것만 못하다.

만일 어떤 변호사가 실의에 빠져 있는 파산자에게 농담을 했다면 받아들여지지 않을뿐더러 상대방에게 불쾌감을 줄 수도 있다. 또 만일 어떤 의사가 병원에 누워서 주사를 맞고 있는 환자에게 농담을 했다면 그것이 환자의 귀에 제대로 들릴 리가 없다.

오늘날 복잡다단한 사회에 살고 있는 사람들은 조직에 압도되고 스트레스와 좌절감을 느끼게 된다. 유머 감각의 중요성이 강조되는 이유는 바로 여기에 있다. 자칫하면 팽팽한 긴장이 터져버릴 것만 같은 상황을 완화시켜 주는 것이 바로 이 유머 감각이다.

당신이 만일 천부적으로 뛰어난 유머 감각을 가졌다면 그것을 더욱 개발하라. 그러면 당신의 뛰어난 유머 감각이 당신의 특징이 되고 이미지가 될 것이다.

유머 감각이 있는 사람을 좋아하는 가장 큰 이유는 무엇보다도 그 사람의 마음의 여유일 것이다. 어떤 어려움이나 위기에 처했을 때 그 한 가지 일에만 지나치게 매달리지 않는 이유, 그것은 얼마나 신선한가.

높은 지위에 있는 사람들 중에는 자신의 중요성을 과시하는 자기도취적인 사람들이 많다. 그리하여 그들은 교만에 빠져 자기중심적이 되고 만다. 물론 그렇지 않은 사람도 있다.

어느 날 하베이 브리스톨 크램이 그의 친구에게 이렇게 말했다.

"디즈니랜드를 만든 월트 디즈니 씨는 꾸밈이 없는 보통 사람입니다. 그는 내가 만난 기업인 중에서 가장 저명한 사람인데도 우리와 별 차이가 없는 사람처럼 보였습니다. 그는 성공했다고 해서 사람이 달라지지도 않았습니다. 참으로 위대한 사람이었습니다."

실제로 그의 소박한 태도는 주위 사람들을 편안하게 해주고 그와 만나는 모든 사람들에게 긴장을 풀어 주었다. 그는 마치 소년과도 같은 인상을 심어주었다.

성공한 사람도 근본적으로는 어느 누구와도 차이가 없다는 것을 발견하게 될 때 사람들은 한편으로는 놀라움을 갖게 되고 또 한편으로는 신뢰감을 느끼게 된다. 대부분의 사람들은 아주 크게 성공한 사람은 큰 결단을 내리게 되므로 항상 엄하고 진지한 별다른 사람일 것이라고 생각한다.

사람에게 편안함을 느끼게 하는 인격을 가졌고, 거기다 유머 감각마저 가진 사람이라면 호의적인 인상을 줄 것임에 틀림없다.

상대방의 인격을 존중하는 습관

07

상대를 설득하는 요령은
상대의 의견에 경의를 표하고 자존심을 지켜주는 데 있다

아무리 훌륭한 플라톤이나 칸트의 논리로 설득을 해도 자존심을 상하게 되면 상대의 생각은 변하지 않는다. 상처를 입은 것은 논리가 아니라 감정이기 때문이다.

'당신에게 그 이유를 설명하겠소.' 라는 말투는 쓰지 않아야 한다. 나는 당신보다 머리가 좋다. 당신의 생각을 고쳐주겠다고 말하고 있는 것과 같기 때문이다.

상대의 생각을 바꾸게 하는 일은 매우 조심스럽고 어려운 일이다. 상대에게 반항심을 불러일으키고 싸움의 직전까지 상황을 몰고 갈 수도 있기 때문이다. 그래서 설득하고자 할 때는 상대가 눈치채지 않도록 신경을 써야한다.

'가르치지 않는 것처럼 가르치고 상대가 모르는 일은 그가 잊어버리고 있었다고 말해주라.'

이것이 상대를 설득하는 비결이다.

영국의 정치가이자 문인인 필립 체스터필드가 자식에게 남긴 처세훈에는 다음과 같은 구절이 있다.

'될 수 있으면 남보다 현명해져라. 그러나 그것을 남이 알게 해서는 안 된다.'

그런가 하면 소크라테스도 제자들에게 되풀이해서 다음과 같이 말했다.

'나는 오직 한 가지밖에 모른다. 그것은 나는 아무 것도 모른다는 바로 그것이다.'

만약에 상대가 틀렸다고 생각되거나 실제 명백한 잘못이 있을 때에도 이렇게 서두를 꺼내는 것이 좋다.

'사실 그렇게 생각하고 있지는 않습니다만 그동안 내가 잘못 알고 있었다면 고치겠습니다. 다시 한 번 잘 생각해보겠습니다.'

'아마 나의 잘못일 겁니다. 다시 잘 생각해보겠습니다.' 라는 문구에는 이상할 만큼 효력이 있다. 이에 대해서 반감을 갖는 사람은 결코 없을 것이다.

이것은 또한 과학적인 방법이다. 탐험가로 유명한 캐나다의 과학자 스테팬슨은 물과 고기만으로 11년 동안 북극에서 생활을 한 사람이기도 하다.

'과학자란 아무 것도 증명하려고 애쓰지 않습니다. 다만 사실을 발견하려고 노력할 뿐입니다.'

이 과학자의 말처럼 우리들도 과학적으로 사물을 생각하기로 하면 어떨까.

자신의 잘못을 먼저 인정하면 시비가 일어날 일은 절대로 없다. 따라서 상대도 관대해져서 공정한 태도를 지키려고 할 것이며 자기 자신도 반성을 하게 될 것이다.

　예수는 '조속히 그대의 적과 화해하라.'고 가르쳤다.

　상대가 누구이든 시비를 해서는 안 되며 상대의 잘못을 직접적으로 지적하여 상대의 자존심을 상하게 하는 일은 없어야 한다.

　상대를 설득하는 요령은 상대의 의견에 경의를 표하고 자존심을 지켜주는 데 있다.

08

예의바른 습관

인간의 성의는
고개를 숙인 시간과 정비례한다

'인간의 성의는 고개를 숙인 시간과 정비례한다.'는 말이 있다.

그러나 남에게 고개를 숙이는 일이 왠지 쑥스럽고 어색해서 잘 되지 않는다는 사람이 많다. 이런 사람이라면 다음과 같은 실험을 해보는 것이 좋다.

우선 자신의 전신이 비칠 수 있는 커다란 거울 앞에 선다. 그리고 빙긋 웃으면서 깊숙이 고개 숙여 인사를 한다. 얼굴을 들었을 때도 물론 미소를 짓는다. 그러한 동작을 하고 있는 자신을 거울을 통해 주시하기 바란다. 스스로도 매우 보기 좋다는 호감을 갖게 될 것이다.

이번에는 웃음을 짓지 말고 무표정한 얼굴로 고개를 숙여보는 것이다. 성의 없이 그저 고개만 슬쩍 숙이는 기분으로 말이다. 그 모습을 보게 되면 자신의 모습이 얼마나 불쾌한 인상인지를 확실하게 알게 될 것이다. 또한 이런 모습을 타인에게 보이게 되면 불쾌할 거라는 생각도 들 것이다.

인간의 가치를 학교 성적이나 일의 능력만으로 정하는 것은 잘못된 것이라고 생각한다. 그 사람에게서 우러나오는 태도, 그 사람에게 떠도는 분위기가 핵심이다. 그럴듯한 지위에 올랐다고 해서 위대해 보이는 것이 아니라, 그 사람의 태도 여하에 따라 그 가치가 정해지게 된다. 뛰어난 재능을 지닌 사람일지라도 그 사람의 언어와 태도에 깊이나 친절함이 없다면, 사람들이 그를 좋아하지 않을 뿐 아니라 주변에 모일 리도 없다.

방에 들어서기만 해도 그 안의 공기를 흐려놓는 사람이 있다. 그 사람은 늘 우울하고 어두운 얼굴을 하고 있다.

그 사람은 상사나 동료, 부하의 험담을 즐기는 사람이다. '이건 비밀인데…' 하며 타인의 비밀을 여기저기 퍼뜨리며 다니는 사람이다.

당신은 어떠한가. 당신도 그런 사람과 다르지 않다면 당장 개선해야 한다. 그렇지 않으면 결코 당신에게 좋은 일은 일어나지 않는다.

09 능숙한 대화를 만들어내는 습관

원활한 대화의 성패여부는 상대방의 마음에
얼마나 절실히 와 닿고 공감을 느끼게 하는가에 달려 있다

　대화의 중요성을 알고 의식적으로 행동하는 사람이 인생을 충
실히 영위한다고 했지만 실제로 어떤 식으로 행동해야 성공적인
대화를 나누는 것인지를 한마디로 설명하기는 어렵다. 말을 잘하
고 못하고에 따라 처음 만나는 사람에게 전혀 다른 인상을 준다.

　여기서 좋은 인상을 주는 사람과 그렇지 못한 사람은 인생 항로
를 항해하는 데 큰 차이가 있다.

　"나는 말을 잘 못해서…"

　"그렇게 설명했는데도 알아듣지 못하니…"

　전자는 기술적인 결함이 문제이고, 후자는 듣는 사람의 청취능
력에 문제가 있는 것이다. 아마 전자의 경우는 대화술이 부족한
듯하고, 후자는 설명을 잘했는데 상대방이 제대로 이해하지 못한
듯하다.

　그런데 후자의 경우 설명하는 입장에서 적절한 표현을 했다면

상대방이 알아듣지 못할 리가 없다는 생각을 전제로 할 때 문제는 말하는 사람의 대화능력에 있다는 것을 금방 인식하게 될 것이다. 이런 사람은 상대방의 입장에서 설명하는 것과 상대방의 마음에 호소할 수 있는 힘을 가진 정신적 에너지가 필요하다는 것부터 알아야 한다. 원활한 대화의 성패여부는 기술에 있는 것이 아니라 상대방의 마음에 얼마나 절실히 와 닿고 공감을 느끼게 하는가에 달려 있다.

중국의 병법에 적을 알고 나를 알면 백전백승이란 말이 있다. 서로의 마음이 통하는 대화, 목적을 달성하기 위해 상대방의 마음을 움직일 수 있는 힘을 기르자면 우선 자신의 말하는 방법과 듣는 방법부터 파악하고 인간의 심리를 움직이는 원동력을 알아야 좋은 인상을 주는 사람으로 인정받을 수 있다.

대화의 내용을 상대방이 알아듣지 못했다 해서 상대방을 탓할 일이 아니다. 알아듣지 못하도록 설명한 당신에게 허물이 있다. 대화에 능숙한 사람이 되려면 우선 인간학 전문가부터 되어야 한다.

"저 사람 속은 알 수가 없어."

"저 사람은 바보야."

"도대체 무슨 생각을 하고 있는 건지."

이런 말을 한 적이 있다면 상대에 대해 얼마나 무지한지 각성하라. '이해하기 힘든 사람까지 이해하면서 어떻게 하나? 난 나답게 살겠어.' 라고 말한다면 대화를 잘하고 못하고 와는 무관하게 앞으로의 사회생활에 난관이 예상된다.

열 사람을 만나 얘기를 나눈 뒤 다섯 사람 정도 마음이 통했다고 생각된다면 자신의 대화능력을 한 번쯤 의심해보라. 문제의 실마리는 회의에서 발견된다고 한다. 대화가 잘 통하지 않는 것을 남의 탓으로 돌리는 사람은 무슨 일을 하든 성공하긴 어렵다. 비즈니스로 만나는 모든 사람들에게 좋지 못한 인상을 줄 것이고 이로 인해 일의 진행에 많은 문제들을 일으킬 것이다.

이런 관계를 무시하고 남의 탓으로 돌리며 대화술 익히기를 거부하는 사람에게 인간의 존재를 이해시키기는 매우 어렵다. 이런 사람은 가치 있는 인생을 설계하기도 어렵거니와 때에 따라서는 스스로 무덤을 파는 꼴을 자초하게 된다.

인간이 어떤 존재인가에 대한 해답은 달과 화성에까지 우주선이 발사되고 최첨단 컴퓨터가 산업을 관리하는 현재에도, 미래에도 찾아내기 어려울 것이다. 그러나 인간에 대해 너무 어렵게만 생각하는 것은 좋지 않다. 즉, 세상을 가능하면 단순하게 생각해보자는 것이다. 인간은 세상의 다른 모든 것들과 다를 바 없다는 식으로.

이 말에 반론을 제기할 사람도 있을 것이다. 인간은 타고난 성격이나 환경, 사회적 지위 등에 의해 그 사고방식의 모양이나 행동양식이 꼭 같지 않다. 그러나 인간의 표면에 드러난 사고나 언행의 측면이 아니라 인간 내면 깊숙한 곳에 자리 잡고 인간의 마음을 조절하는 기쁨, 슬픔, 유쾌함, 불쾌감, 분노, 두려움 등의 일반적인 감정적 측면은 그렇지 않다.

예를 들어, 아들이 죽었는데 기뻐할 부모가 있을까. 돈이 너무 많다고 자살할 사람이 있을까. 예의 바른 행동에 불쾌해 하는 사람이 있을까. 욕을 먹고 즐거워할 사람이 있을까. 배신당하고 감동할 사람이 있을까.

　분명 인간의 감정을 자극하는 근본적인 원인은 같을지 모르나 표면에 드러나는 형태는 사람마다 다르다. '신은 인간을 평등하고 동일한 형태로 창조하였다.' 라는 말이 있지만 꼭 그렇지만은 않다. 최소한 대화에 있어 인간의 사고와 능력, 행위는 분명한 차이를 보이는 것이다.

10 겸허한 마음을 갖는 습관

인생이란 배사에 자신을 비우고 조심스런 마음으로 살아야만 한다
그것이 인간표현 중에서 가장 아름다운 방법이라 할 수 있다

어느 유명 호텔에서 주류품평회가 있었다. 심사원들이 모여들어 술맛을 평하고 있었다.

그 중에서 심사원들이 맛이 싱겁다는 술이 있었다. 그래서 그 술을 분석해 본 결과 그 어느 성분도 다른 술에 비해 떨어지지 않았다.

그래서 심사원들은 바로 그 전의 술을 분석해보았다. 그러자 그 술의 성분이 다른 술보다도 짙다는 것을 알게 되었다.

익숙해진다는 것은 자만해지기 쉽다는 위험성을 가지고 있지만 무엇이건 깊이 관여하면 관여할수록 지나친 자만은 나올 수 없는 것이다.

어떤 사진작가는 똑같은 피사체를 20년간이나 계속 찍었는데도 자신이 없노라고 털어놓았다. 똑같은 피사체를 20년이나 찍어

왔다면 자신감도 생겼을 텐데 말이다. 그런데도 자신이 없노라고 털어놓는 것은 입신의 경지에 들어서라고나 할까.

위대한 고승의 경지를 터득했다면 구태여 부처님에 의거할 필요는 없을 게 아닌가. 그러나 고승은 이렇게 털어놓았다.

"난 부처님이 제일 무섭다. 부처님을 받들지 않고는 살아갈 수 없다. 나는 잘못이 없다고 생각해도 부처님의 눈으로 본다면 어딘가 잘못되어 있을 것이다. 잘못을 저지르지 않으려고 열심히 부처님과의 교통을 꾀하고 있지만 스스로는 완전히 자신이 없다. 그러므로 부처님을 섬기지 않을 수 없다."

이렇게 말하는 고승의 겸손엔 그저 감탄할 뿐이다.

나쁘다고 알면서도 그 일을 한다든가, 나쁠지도 모를 일이지만 해 본다는 비양심적인 일을 하지는 않을 것이다. 항상 자기 자신은 정직하다고 생각되는 일을 한다. 이를 지켜보는 사람의 입장에서 볼 때 멋지다고나 할까 아니면 눈부시다고나 할까 독창적이며 뛰어난 예술품을 볼 때와 같은 감동 이상이었다.

그러한 사람이 부처님의 입장에서 본다면 어딘가가 잘못되었을지도 모른다고 생각하고 살아가고 있으며 잘못이 없기를 바라며 수양하지 않을 수 없는 기분이라는 말을 듣고 감명을 받은 것이다.

자기 자신은 잘못이 없다고 생각하지만 보다 큰 눈으로 보고 높은 관점에서 본다면 어딘가 잘못되었을지도 모른다. 그렇게 생각하면 보다 초월적인 존재를 믿지 않을 수 없다는 것이 매사를 깨닫게 된 인간의 본심일 수 있다.

이러한 겸허한 마음의 자세가 아니라면 타인의 충고를 마음속으로 받아들이지 못하며 영특한 지혜를 받아 발전시킬 수조차 없게 되는 것이다.

인생이란 매사에 자신을 비우고 조심스런 마음으로 살아야만 한다. 그것이 인간표현 중에서 가장 아름다운 방법이라 할 수 있다.

유머감각을 잃지 않는 습관

11

대인관계에 있어서 서로의 마음을 편하게 할 수 있다는 것은,
일종의 미덕이며 매우 유용한 삶의 기술이기도 하다

상황이 어색하거나 무거울 때 유머가 담긴 말 한마디는 일순 분위기를 뒤바꿔놓을 수가 있다.

그리스의 철학자인 레온은 거대한 몸집의 소유자였다. 레온이 어느 날 아테네로 갔는데 어떤 사람이 뚱뚱한 그의 모습을 보고는 이렇게 말했다.

"당신 체구가 그렇게 크시니 아마도 굉장한 저택이 아니면 살기 불편하시겠습니다."

레온은 이 말을 받아 응수했다.

"우리 마누라는 나보다 더 뚱뚱하지만 우리는 금슬이 좋아서 한 침대 안에서 같이 잡니다."

"허허 그렇습니까? 볼만하겠군요."

"당신같이 부부 사이가 좋지 않은 사람은 말라깽이라도 침대를 각각 놓아야 할 테니 좁은 집에서는 살기가 어려울걸요?"

"당장 합쳐야겠군요."

"정말로 멋진 구경거리가 될 테죠."

그래서 두 사람은 하늘을 보며 크게 웃었다고 한다.

이러한 유머는 생활의 활력소가 되며 소원했던 사람과 사람 사이를 엮는 든든한 고리가 된다. 그러므로 대인관계에 있어서 서로의 마음을 편하게 할 수 있다는 것은, 일종의 미덕이며 매우 유용한 삶의 기술이기도 하다. 따라서 시기적절한 유머는 사람들을 더욱 따르게 하는 요소가 된다. 어떤 경우에는 하찮은 우스갯소리라도 단절된 마음과 마음을 이어주는 고리 역할을 하게 되는 것이다.

세상에는 가볍게 흘려 넘길 만한 유머도 많지만, 중요한 자리에서 매우 효과적으로 쓰이는 경우도 있다. 특히 중요한 외교관계나 상담에서의 유머는 배후에 어떤 의도까지 포함하고 있어 더욱 중요한 역할을 하기도 한다.

유쾌하고 경쾌한 언행은 부드러움을 드러내는 것이다. 이와 같은 부드러운 자세는 사람의 마음을 끌어들이는 신비로운 자석의 힘마저 지니고 있다. 위대한 정치가나 사업가들은 유머를 갖고 있거나 그것을 적절히 소화하고 활용하고 있는 사람들이다.

가는 길이 험하면 험할수록 콧노래가 필요한 것처럼, 성공을 위해서는 가볍고 맑은 마음이 무엇보다도 필요하다. 중요한 것은 유머의 타이밍이며 그에 따른 적절한 반응이다. 매우 심각한 상황이고 전혀 유머가 통하지 않는 자리라면 가급적 피하는 것이 좋다. 그러나 일단 상대에게서 가벼운 유머가 나오면 그에 따른 호응의 웃음을 아끼지 말아야 한다. 반대로 어느 정도 분위기가 긍정적인 쪽으로 흘러가고 있다면, 내가 먼저 유머를 구사해 더욱 화기애애

한 자리로 만드는 일도 잊지 말아야 한다.

부상당한 맹수를 보고 치료해주고 싶지만 행여 물릴까 두려워 접근하지 못하는 경우가 있다. 그래서 결국 상황을 더욱 악화시키고 맹수를 방치해 돌이킬 수 없는 결과까지 낳게 된다. 경쟁이 난무하는 대인관계에서도 마찬가지다.

그러나 현명한 당신이라면 선입견을 버리고 적극적인 자세로 도움의 손길을 뻗어야 한다. 선입견은 상대에게 다가설 수 없게 만드는 일종의 장벽과도 같은 것이다. 상대가 어떤 최악의 상황을 만들지 모른다는 두려움과 선입견이 있어도 그것을 과감히 부수고 부드러운 분위기를 조성하는 것이 최선이다.

이 세상에는 아무런 재능이 없는데도 대인관계가 아주 원만한 사람이 있다. 이러한 사람은 이미 성공을 예약해 놓은 셈이라고 할 수 있다. 또한 이런 사람은 선입견을 버린 채 항상 부드러운 분위기를 만들 줄 아는 재능만큼 뛰어난 유머를 지니고 있다.

이들은 지나친 권위의식이나 겉치레뿐인 체면 같은 과거 악습을 버리고 유머와 웃음을 습관화시킨 사람들이다. 그래서 상대를 얕잡아보지 않으며 결코 다른 사람들 위에 군림하려고도 하지 않는다. 결국 자신을 버리고 새로운 자아를 발견해 습관처럼 몸에 익힌 사람들이다. 이것은 쉽지만 실천하기 어려운 그러나 매우 소중한 처세의 기술이기도 하다.

자신을 포박하고 있던 과거의 악습을 버리기 위해서는 유머감각을 익히도록 노력해야 한다. 그리고 그것을 실천할 수 있도록 습관화시키는 것도 중요하다. 유머는 생활의 활력소이자 신선한 자극제이며 삶을 보다 윤택하게 해주는 최고의 햇살이기 때문이다.

12 유쾌한 분위기를 만드는 습관

웃음이 유쾌한 것은 긴장에서 해방시켜 주기 때문이다
그리고 우리들 마음에 여유를 주기 때문이다

'일노일로(一怒一老), 일소일약(一笑一若)' 이라는 말이 있다. 한 번 화내면 한 번 늙어지고, 한 번 웃으면 한 번 젊어진다는 말인데, 인간에게 있어서 웃음이란 대단히 유쾌한 것으로 인간관계의 윤활유 역할을 해준다. 이 웃음에 대해서는 동서고금의 사람들이 여러 가지로 연구를 해왔다. 그런데 웃음에는 하나의 원칙이 있다고 한다. 그 원칙이란 우월감이라는 것이다. 요컨대 인간도 자신이 우월감을 느꼈을 때 웃는다는 말이다.

예를 들자면 발을 씻을 생각으로 목욕탕 수도꼭지를 틀었다가 느닷없이 머리 위에서 찬물 벼락을 맞을 수가 있다. 수도꼭지를 튼다는 것이 그만 샤워꼭지를 틀고만 것이다.

머리에서부터 흠뻑 물벼락을 맞고 생쥐처럼 된 모습을 보고 누구나 웃음보를 터트릴 것이다. 그 꼴을 본 사람은 '나 같으면 저런 어리석은 짓은 하지 않을 텐데.' 하는 생각을 하게 된다. 그래서 순간 우월감에 젖어 그만 웃음을 터트릴 수밖에 없었던 것이다.

사람들에게 웃음을 주는 개그맨이나 코미디언들은 이 원칙을 누구보다 잘 알고 있다. 그래서 그들은 평범한 사람들보다 더 많은 웃음을 줄 수 있는 것이다.

혼자 무대에 서서 정치풍자를 하는 '스탠드 업 코미디' 보다는 동작과 연기가 크고 과장된 '슬랩스틱 코미디' 가 그 좋은 예이다. 바보스럽고 어딘가 모자란 듯한 동작과 설정에 사람들은 크게 웃는 것이다. '나 같으면 저런 얼간이 짓은 하지 않겠다.' 는 우월감을 주는 것이 웃음의 포인트이기 때문이다.

웃음이 유쾌한 것은 긴장에서 해방시켜 주기 때문이다. 그리고 우리들 마음에 여유를 주기 때문이다. 반대로 말하자면 긴장된 심리상태나 여유가 없는 사람에게 웃음이란 있을 수 없다는 말이다. 다른 사람과의 대화는 테니스에서의 길게 받아치는 것과 흡사하다. 상대와의 랠리를 가능한 한 원활하게 지속시키는 것이 중요하기 때문이다. 언어를 매개체로 하여 서로의 마음이 통하도록 하는 것이 중요하다. 대화의 랠리를 원활하게 지속시키는 요령이 곧 유머인 것이다. 상대에게 유쾌한 웃음을 선사하는 것이 좋은 대화의 비결인 셈이다. 그리고 또 한 가지는 상대가 흥미를 느끼는 화제를 꺼내는 일이다. 자신이 좋아하는 화제가 나오게 되면 상대는 편안한 기분이되기 때문에 흥미롭게 대화를 나눌 수 있게 될 것이다.

이것은 테니스에서 말하는 서브이다. 일부러 받아치기 쉬운 서브를 주어 상대로 하여금 반격하게 하는 것이다. 대화 사이사이에 이런 이완 상태를 집어넣는 것이 대화를 부드럽고 원활하게 풀어 나가는 요령이다.

13 자기 연출로 돋보이게 하는 습관

개인의 일생도 얼마나 연출을 잘 하느냐에 따라
멋지고 후회 없는 삶으로 만들어갈 수 있다.

즐거운 삶을 살아가기 위해서는 반드시 자기 연출이 필요하다. 때로는 환희에 찬 러브스토리의 주인공이 되기도 하고 때로는 생을 정면으로 도전하는 강한 힘의 소유자가 되기도 하며, 때로는 찰리 채플린 같은 명배우가 될 필요도 있다.

인간은 누구나 멋있고 재미있게 살고 싶어 한다. 그러나 이 세상을 어떻게 살아갈 것인가는 각자 자신이 알아서 스스로 결정할 수밖에 없다.

사람들은 대부분 막연히 열심히 살면 가장 잘 사는 것이라 생각한다. 그러나 맹목적으로 열심히 일하는 것은 자칫 무미건조한 삶이 되기 쉽다.

또한 어떤 일이든 꾸미지 않는 자연스러움은 인간에게 가장 편안함을 준다. 그러나 편안함을 주기 위해 옷을 전혀 입지 않는다면 어떻게 되겠는가. 우리의 삶도 이와 같으며 여기에는 삶의 묘

미가 담겨져 있다. 적당히 옷을 입은 자연스러움에 재미를 더해가는 연출이 필요하다는 것이다.

잘 관찰해보면 인생은 연출이 아닌 것이 없다. 대통령 후보가 공약을 앞세워 선거 유세를 하는 것도 연출이며 대통령의 외국방문 행사도 하나의 연출이다.

사업가의 거래관계도 연출이며 비즈니스맨의 판매 방법, 그리고 쇼맨십, 그리고 샐러리맨들의 승진, 개인적인 인간관계도 또한 하나의 연출이라 할 수 있다.

이렇듯 하루하루 일상 자체가 연출의 연속이다. 그렇기 때문에 개인의 일생도 얼마나 연출을 잘 하느냐에 따라 멋지고 후회 없는 삶으로 만들어갈 수 있다.

찰리 채플린처럼 스스로 각색하고 연기하며 감독자가 되어도 좋다. 주연을 젊은이들에게 양보하고 엑스트라가 되어도 좋다. 자기 인생을 어떻게 연출하고 어떤 빛을 나게 만드느냐 하는 것은, 각자의 마음속에 있기 때문이다.

생각해보면 인생은 더없이 즐겁고 재미있는 것이다. 또한 자신을 충분히 살린 사람은 더욱 행복할 수 있다. 사회, 가정, 직장 어떤 곳이라도 좋다. 거기서 재미를 찾아내어 자기에게 맞게 연출해보라.

당신의 생활에 많은 변화가 생기고 활력이 넘쳐날 것이다.

속담 또는 명언을 활용하는 습관

자신에게 닥친 불행도
긍정적으로 받아들이고 순리처럼 따르는 것도 좋다

'오늘까지 내 자신을 이끌어 온 힘은 내일도 변함없이 나를 이끌어줄 것이다.'

'인생'이란 글에 나오는 말이다.

수많은 난관을 극복하며 자신의 길을 걸어온 작가의 마음에서 우러나온 말이기도 하다. 수많은 난관을 헤쳐 왔으니 어떤 일이 닥쳐도 문제없다. 내일의 일을 쓸데없이 걱정할 필요는 없다는 의미라고 생각한다.

이렇듯 명언이나 속담은 함축성이 있어 뒷말을 이어가기가 비교적 쉽다. 또한 사람들의 관심을 끌기에도 적절한 기술이다. 그래서 어떤 모임이나 회의 혹은 강의를 하는 자리가 있다면 말의 서두로 사용해보는 것이 효과적일 것이다.

책을 읽거나 다른 사람의 말을 듣다가 여운이 남는 명언이나 격언 같은 것은 항상 수첩에 적어두는 습관을 갖도록 하자. 그리고 항상 그것을 지니고 다니는 습관도 길러야 한다.

이런 함축성 있는 말을 준비해두면 또 다른 효용이 있다.

만약에 정체에 빠지거나 의기소침해 무기력한 상태라면, 수첩 속의 글들이 질책하고 격려하며 힘을 주는 역할을 해줄 수도 있다.

'막다른 길은 발전의 첫걸음이 된다.'

'인생에는 헛된 것이란 있을 수 없다.'

얼핏 듣기에는 소용없는 말처럼 여겨질지라도 긴 안목으로 본다면 결코 그렇지 않은 예가 많다. 그 소용없는 말로 여겨졌던 것이 결국에는 다양한 자양분 구실을 하며 그 사람을 성장시켜주는 것이다.

그 상황에서 본인은 불운을 탄식하며 우울해하며 슬픔에 빠지게 될 것이다. 탄식과 우울 그리고 슬픔으로 병을 낫게 할 수만 있다면 얼마든지 그렇게 하라. 하지만 그럴수록 몸은 더욱 악화되며 정신적으로도 피폐해지는 결과만 낳을 뿐이다.

자신에게 닥친 불행도 긍정적으로 받아들이고 순리처럼 따르는 것도 좋다. 그렇게 하면 이상하게 마음이 밝아지고 뜻하지 않는 출구가 생겨 결국에는 극복할 수 있게 된다. 이때 평소 가슴에 품고 있던 명언들이 더욱 쉽게 극복할 수 있는 힘이 되어주는 역할을 할 것이다.

그리고 '오늘까지 내 자신을 이끌어 온 힘은 내일도 나를 이끌어줄 것이다.' 라는 말도 가슴에 선명히 새겨두기를 바란다.

당신이 할 수 있는 일은 성공으로 이어지기 어렵다. 성공은 하고 싶은 일을 함으로써 이루어지는 것이다. 당신은 두 가지의 재능을 가지고 있다. 할 수 있는 일을 하는 재능과, 하고 싶은 일을 하는 재능이다. 누구나 할 수 있는 일을 하는 것이다 편하다. 그리고 주변의 사람들도 그것을 권한다. 하지만 언제까지나 할 수 있는 일만 한다면 당신의 인생은 실패작이다. 할 수 있는 일 속에는 당신이 보이지 않기 때문이다. 하고 싶은 일 속에 바로 당신의 모습이 있는 것이다.

3

세상의 중심에서
인생의 지도를
그려라

Power of

habit

HABITS TO
success

상대방의 장점을 칭찬해주는 습관

01

본인이 미처 눈치 채지 못한 점을 꼬집어
칭찬해주는 것으로 인간관계를 좋게 할 수 있다

꽃향기는 바람에 거슬러 흐르지 못한다. 그러나 착한 사람에 대한 칭찬은 바람을 거슬러 온 세상에 흘러 전해진다.

법구경에 나오는 말이다.

칭찬! 실로 이것만큼 아름다운 것은 세상에 없다. 연애, 사업, 예술, 일 그 외의 모든 미덕도 결국은 이 아름다운 말을 듣기 위해 존재한다.

인간은 누구나 타인에게 칭찬을 받으면 기뻐하게 된다. 이런 기쁜 감정이란 도대체 어떤 것일까. 한 심리학자의 말에 따르면 이 기쁜 감정을 둘로 나눌 수 있다고 한다.

하나는 자기 확인의 칭찬이라고 한다. 이것은 이미 스스로도 인정하고 있는 자신의 장점을 칭찬받은 경우를 가리킨다. 예를 들면 키가 늘씬하게 커서 멋있다든가, 잘생겼다든가, 미인이라든가, 붙

임성이 있다든가 등등이다. 다시 말해 지금까지 여러 사람들로부터 많이 들어온 이야기로 자신도 잘 알고 있는 장점이다.

또 하나는 자기 확대의 칭찬이다. 이것은 지금까지의 자신이 전혀 깨닫지 못한 점을 타인으로부터 칭찬을 받는 경우이다. 그 예로 눈매가 대단히 예리하다던가, 목소리가 예쁘다든가, 일처리 능력이 굉장히 빠르다든가 등이다.

자기 확인의 칭찬과 자기 확대의 칭찬을 비교하면 단연 후자의 경우가 기쁨이 더 클 것이다.

자신이 미처 몰랐던 점을 칭찬받게 되면 깜짝 놀라게 된다. 또한 그것에 의하여 자기 존재가 확대되었기 때문에 기분이 좋아지는 것은 당연하다.

자신이 미처 몰랐던 업무상의 장점을 칭찬받을 때 더욱더 열심히 하고자 하는 의욕이 솟구치게 된다. 칭찬받는 쪽도 어느 정도는 아부가 섞인 말이라는 것은 알면서도 상대가 그것을 인정해주는 사실에 아주 기뻐한다.

이처럼 본인이 미처 눈치 채지 못한 점을 꼬집어 칭찬해주는 것으로 인간관계를 좋게 할 수 있다.

인간관계를 좋게 해주는 다섯 가지 황금의 말이 있다.
1. 감사의 말
   '바쁘신데 정말 감사합니다.' '수고했어요.'
2. 상담의 말
   '젊은 자네의 의견을 듣고 싶군. 자네는 어떻게 생각하는가.'

3. 기대와 격려의 말

'자네에게 거는 기대가 크네. 열심히 해보게.'

4. 신뢰의 말

'자네라면 반드시 할 수 있어.'

5. 칭찬의 말

'잘했어.'

02 인생의 과정을 즐기는 습관

인생의 과정이라는 것은 생산의 괴로움이다
그것이 기쁨이요 즐거움이다

"백화점을 경영하면서 가장 큰 즐거움은 고객이 매장을 나갈 때입니다. 좋은 상품을 샀다고 하는 즐거움이 그 손님의 뒷모습이나 걸음걸이에서 느껴질 때처럼 기쁘고 즐거울 때가 없습니다."

도쿄에서 백화점을 경영하는 K사장의 이야기이다.

여성복을 디자인하는 디자이너 L씨는 이렇게 말한다.

"완성된 제품에는 흥미가 없어요. 가봉할 때까지가 내가 제일 즐거워하는 때입니다."

테니스 선수인 B씨는 이렇게 말하고 있다.

"백색의 줄이 그어져 있는 코트에 서기만 해도 즐거워요. 테니스볼이 라켓에 부딪치면 그 느낌이 팔에 전달됩니다. 그 느낌은 뭐라고 표현할 수 없을 만큼 상쾌한 기분입니다."

또 바둑을 좋아하는 C씨는 이렇게 말하다.

"바둑알을 보고만 있어도 기쁘지요. 바둑판을 닦으며 손질만 하고 있어도 그 기분을 충분히 즐길 수 있습니다. 누군가로부터 바둑 한 판 두자고 요청만 와도 벌써 가슴이 두근두근 뛰는 것이, 이겨도 그만 져도 그만 그저 재미가 있습니다. 힘든 국면에서 골몰하고 있을 때 느끼는 심장이 뛰는 듯한 그 쾌감은 쉽게 잊을 수가 없거든요."

인생은 과정에 있다. 만일 결과에서만 인생이 있고 인생의 기쁨은 결과만이라고 하는 것이 된다면 어떠한가. 결혼했을 때, 어린아이가 출생했을 때, 어린아이의 성적이 올랐을 때, 집을 샀을 때, 자동차를 구입했을 때, 지위가 올랐을 때, 돈을 벌었을 때 등등 이러한 때만이 인생의 기쁨이고 행복이라면 일생 동안에 우리가 느끼는 행복은 손을 꼽을 정도로 아주 적을 것이다. 어쩌면 한 번도 행복이라는 것을 경험하지 못한 채 죽는 사람도 있을지 모른다.

화가가 자신의 작품이 상을 받고 찬사를 받는다고 해서 그가 진정 화가로서 행복할 것인가. 물론 상을 받고 그로 인해 찬사가 쏟아지는 것은 기쁜 일이다. 하지만 그런 결과보다도 중요하고 가치 있는 것은 그가 즐겁고 보람 있게 그림을 그렸던 과정인 것이다.

이것이 바로 삼매지경에 빠져 그림을 그릴 때 느끼는 화가로서의 최고의 즐거움이리라.

'그곳에 산이 있으니 오른다.'는 정녕 새겨둘만한 의미심장한 말이다. 등산가들은 산의 영기에 매혹되어 참을 수 없는 충동에 끌려서 등산화를 신는다.

그들의 기쁨은 정상을 정복했을 때만 있을까? 그렇지는 않을 것이다.

그들은 등반을 하며 계곡을 지나고 절벽을 오르고 폭포를 건넌다. 겨울에는 눈으로 덮인 산길을 밟아가며 등산의 참맛을 만끽한다. 정상을 향해 건너고 오르고 조심스레 밟아가는 자체가 그들에게는 기쁨이고 즐거움인 것이다.

미남과 미녀가 있었다. 서로 사랑하였다. 결혼을 결심했다. 기쁘다. 즐겁다…. 이런 영화는 누구도 봐주지 않는다. 삼각관계가 생기는가 하면 부모의 반대에 부딪히기도 하고 우여곡절이 있음으로써 영화에 재미와 감동이 더해지는 것이다. 해피 엔드가 되든지 안 되든 지가 문제가 아니라, 관객은 그 과정이 재미있어서 영화를 보는 것이다. 라스트 신만이 영화라면 두 시간까지 허비할 필요 없이 종료시간 직전에 가서 보면 될 것이다.

세상에는 결과에서 우연히 드러나 횡재에 날뛰듯이 기뻐하는 사람이 있다. 그러나 이 얼마나 가볍고 진지하지 못한 행동인가. 인생의 참맛인 과정의 즐거움과 기쁨을 느끼지 못한 채 뭐가 좋으냐고 반문하고 싶다.

인생의 과정이라는 것은 생산의 괴로움이다. 그것이 기쁨이요 즐거움이다. 결과만을 목적으로 숨 쉬지 않고 달려간다면 소중한 삶이 너무 가치 없지 않은가. 지금 자신의 아침부터 밤까지의 시간들을 되짚어보라.

결과만을 위해 달려가는 인생이 전부이고 다른 방법은 없단 말인가. 이대로 전진하고 대를 이어 달려가다 보면 인생의 종말을 목격하게 될지도 모른다.

길은 반드시 있다고 생각하는 습관 03

우리의 성공을 이끌어줄
에너지를 발견하는 중심축은 바로 자기 자신이다

　세계의 경제계 인사들 중 파란만장한 인생을 걸어온 사람을 들
라고 한다면, 누구보다 먼저 일본 K그룹의 고이치를 꼽을 수 있을
것이다.

　그는 수많은 사업을 일으켜 번영케 한 경영자로서 잘 알려져 있
으며, 그가 개설한 경영 세미나에 많은 경영자들이 문을 두드린
것도 또한 유명하다.

　K그룹은 창설하고부터 점점 두각을 드러냈고 탄탄대로를 나아
가는 듯 보였다. 그러나 그 후 경영에서 커다란 실패를 맛보고 말
았다. 고이치의 나이 60세가 지나서 일생일대의 커다란 위기가 찾
아온 것이다. 사회에서 지탄의 대상이 된 그의 고뇌는 사람들의
상상을 훨씬 초월하는 것이었다.

　'자살하는 편이 오히려 편하지 않았을까.' 하고 당시를 회상하
는 사람도 있다.

인간은 괴로운 일을 당하면 아무래도 비관적인 견해 쪽으로 기울어지게 된다. '더 이상 피할 수 없다.' '이제는 어쩔 도리가 없다.' 하는 자포자기에서 헤어 나오지 못하는 사례가 우리 주위에도 얼마든지 볼 수 있다.

고이치도 정말로 막다른 길에 처하게 되었다. 그러나 문득 '무일푼에서 시작한 몸이다. 이왕 이렇게 된 바에는 다시 시작해 보는 거다. 아직 내 모든 역량을 발휘한 것은 아니지 않은가.' 하고 달관하는 심정이 들었던 것이다. 그렇게 생각하자 별안간 그의 눈앞이 밝아지며 '길은 분명 있을 것이다.' 하고 분발하게 되었다.

'자신이 한 일은 아직 자신이 할 수 있는 일의 일부분에 지나지 않는다.' 이 말을 고이치는 마음속 깊이 명심하고 있었던 것이다. 이러한 긍정적 사고로 그는 다시 재기하게 되었다.

그가 사망하였을 때 그룹의 주식은 주식시장에서 가장 인기 있는 종목이 되어 있었다고 할 정도로 탄탄하게 성장해 있었다.

예수는 곤경에 처할 때일수록 기뻐하라고 가르치고 있다. 곤경에 처했을 때야말로 긍정적인 사고가 필요하다는 뜻일 것이다.

그렇다고 일부러 불필요한 고생을 자초할 것까지는 없다. 어차피 우리 네 인생이란 애초부터 행복이 하늘에서 떨어져 그것이 계속되는 것이 아니기 때문이다. 실패도 하고 고생도 하면서 행복하려고 노력하는 것이 인생이다.

병이 나야 건강의 고마움을 새삼 절감하게 마련이다. 인생에 있어서 행복도 그와 마찬가지라 여긴다. 하지만 똑같은 실패를 몇 번이고 되풀이한다는 것은 문제가 있는 것이다. 그것은 반성과 그에 따른 대책이 없기 때문이다. 반성이 없는 곳에 진보란 있을 수 없다. 그리고 또 한 가지 진보 발전을 위해 중요한 것이 있다. 바로 실패에 굴하지 않는 긍정적 사고하고 생각한다.

고이치처럼 '길은 반드시 있다'는 긍정적 사고방식으로 신념을 갖고 실패를 극복해 나가자.

04 성공적인 결과를 상상하는 습관

어떤 일을 시작할 때 무엇보다 중요한 것은
쓸데없는 걱정이나 불안을 벗어던지는 일이다

마라톤에서 가장 힘든 때는 몇 킬로미터 지점일까. 35킬로미터
일까? 아니면 마지막 1킬로미터를 남겨둔 지점일까? 사실 마라톤
에서 가장 힘든 것은 출발하기 직전이다. 일주일 전, 하루 전, 한
시간 전, 1분 전…. 점점 온몸에 힘이 들어가고 중압감이 몸과 마
음을 누르기 때문이다.

새로운 일을 계획하고 막 시작하려고 할 때 불안감이 앞서게 마
련이다. '잘 될 수 있을까.' '실패하면 어쩌지.' 등 그 일을 시작하
기 전부터 걱정이 되는 것은 어쩔 수가 없다.

이런 상태로는 전력을 다할 수 없고 갖고 있는 실력을 발휘할
수 없다. 하지만 현실적으로 대부분의 사람들이 이처럼 새로운 일
을 시작하려 할 때는 심한 긴장감과 불안감에 시달리게 된다.

이것을 해소시키는 방법은 없을까.

무엇보다 우선 '난 할 수 없다' 라든가 '실패하면 어쩌나' 하는

따위의 생각을 하지 않는 것이 중요하다. 시작도 하기 전에 실패하면 어떻게 하나 하고 머뭇거리기 때문에 머릿속이 혼란스러워지고 몸까지도 굳어지는 것이다.

따라서 결코 나쁜 이미지를 머릿속에 연상하지 말아야 한다. 좋은 결과만 그려보자. 그 일이 잘 성취되었을 때의 모양을 구체적으로 또렷하게 그려보는 것이다.

'이미지 성공법'은 스포츠 분야에서도 이미 널리 받아들여지고 있다. 실력면에서는 거의 차이가 없는 선수들의 최후의 승부는 정신력에 달려 있기 때문이다.

역대 올림픽 우승자의 인터뷰에서 그것을 확실하게 알 수 있다. '자신이 제일 먼저 골인하는 모습을 상상해 보았다.' 라든가 '상대를 누른 자신의 모습을 그려보았다.' 고 대답한다.

100미터 달리기의 우승자인 모리스 그린은 스타트시점에서 벌써 골인지점을 상상했다고 한다.

'첫 번째로 골인하는 내 모습을 확실하게 그려보니 이상하게 자신이 생겼다. 그리고 그것이 실현된 것이다.' 라고 말했다.

메이저리그에서 두 번 다시 나오지 않을 사람이 있다면 그는 베이브 루스이다. 그는 배트박스에 들어가면 배트로 스탠드를 가리키며 홈런을 치는 장소까지 예고하였다고 한다.

어떤 일을 시작할 때 무엇보다 중요한 것은, 쓸데없는 걱정이나 불안을 벗어던지는 일이다. 모리스 그린이나 베이브 루스가 그랬던 것처럼, 늘 자신감 넘치는 자세가 중요하다. 항상 넘치는 자신감으로 반드시 실천하겠다는 행동력을 위해 평소 '이미지 성공법'을 습관화하는 것이다.

05 상과 벌을 조율하는 습관

말이든 사람이든 가장 밀접하게 연관된 대상은
당근과 채찍을 쥐고 있는 존재이기 때문이다

현명한 사람은 당근과 채찍을 적절히 사용할 줄 알아야 한다.

말은 동물 가운데 매우 영리하고 온순하다. 하지만 낯선 사람의 눈빛과 행동 앞에서는 사나워지는 습성이 있다. 고삐를 세게 잡아 끌어도 자기가 원하는 방향으로 달아나기도 한다. 이럴 때 당근을 주면 일단 얌전해지지만 시간이 지나면 다시 사나운 모습으로 변한다. 왜냐하면 그렇게 해야 또 당근을 먹을 수 있다는 것을 이미 알기 때문이다.

현명한 사람일수록 당근과 채찍을 적절하게 사용할 줄 안다. 그러나 채찍을 들지 않고 계속 당근만을 주는 것은 바람직하지 못하다. 반대로 당근 없이 채찍만을 휘두르는 것은 더더욱 곤란하다.

기업의 경우 당근과 채찍은 바로 상과 벌이다.

상벌을 얼마나 적절하게 활용하느냐에 따라 기업의 전망도 달라진다. 당근만을 보장해주는 기업은 실적은 오를지 모르지만 인간관계의 소중한 부분들을 망가뜨릴 수 있다. 오로지 자신의 업무 실적만을 위하다 보면 팀 내의 불화가 생기고 동료들 간의 살벌한 경쟁만 난무하게 되어 더 많은 것을 잃어버릴 수 있는 결과를 만든다.

그렇다고 사사건건 제동을 걸고 책임을 추궁하는 채찍만으로 기업을 경영할 수는 없다. 지나친 책임추궁과 실적에 대한 평가는 그 사람의 가능성을 억누르게 된다. 다양한 아이디어와 팀 간의 화합으로 얼마든지 해결할 수 있는 문제도 조급하게 처리하게 된다. 당장 맞을지도 모르는 채찍 때문에 온갖 스트레스 속에서 표류하는 결과만 낳게 되는 것이다.

옛날 신하 한 사람이 왕에게 간청을 했다. 포상하는 것은 누구나 좋아하는 일이니 왕이 직접 해도 상관없지만, 벌을 내리고 처형하는 것은 싫어하는 일이니 자신에게 맡겨달라는 것이다. 궂은 일을 도맡겠다는 신하의 말이 그럴 듯해서 왕은 처벌할 수 있는 권한을 그에게 일임했다. 그런데 그 후 모든 사람들이 그 신하를 두려워해 서서히 복종하기 시작했다. 얼마 후 절대 권력을 손에 쥔 신하는 왕을 죽이고 정권까지 장악했다.

중요한 것은 상벌을 적절하게 사용하는 현명함이다. 또한 그 권한을 다른 사람에게 맡기지 말고 스스로 쥐고 있는 것이 좋다. 말이든 사람이든 가장 밀접하게 연관된 대상은 당근과 채찍을 쥐고 있는 존재이기 때문이다.

06 감식안을 키우는 습관

상대에게 믿음을 주고 싶다면
사심을 버리고 객관적이고 철저한 분석을 한다

물건을 살 때 무엇을 염두에 두고 고르는가?

자신에게 꼭 필요한 물건인지 아니면 충동적으로 사고 싶은 마음에서인지를 되짚어봐야 한다. 또한 무엇보다 중요한 것은 그것이 과연 진품인지를 구별할 줄 아는 안목이다. 확고한 척도나 지식을 가지고 정확한 판단을 내릴 수 있어야 한다는 말이다.

가짜가 판치는 명품가나 서화 등 골동품 시장에서는 오히려 속는 사람이 바보고 나쁘다는 속설이 있을 정도이다. 그렇다고 언제까지 가짜가 판을 치는 세상에 어리석은 동조자로만 살 것인가?

가짜를 구별하고 상대에게 속임을 당하고 싶지 않다면 감식안(鑑識眼)을 연마하고 습관화하는 것이 최선이다. 감식안을 키우는 방법은 우선 진짜를 확실히 아는 일이다. 가능한 많은 진품을 대하는 것만이 철저하게 감식안을 길러 실수를 방지할 수 있다.

사람을 보는 눈도 마찬가지다. 어떤 상대에게 투자를 하고나서 기대를 한 것보다 이익이 돌아오지 않으면 개탄하는 사람들이 많다. 이는 사람을 보는 눈이 없기 때문에 생긴 결과이다. 자신에게 사람 보는 눈이 없는 것은 망각한 채 오로지 남의 탓으로만 돌리려는 것은 어리석다.

검증되지 않은 주관적 시각보다는 철저한 객관적인 분석이 필요하다.

사람을 보는 눈이 없는 사람들이 흔히 범하는 실수는 무조건 철석같이 믿어버리는 일이다. 아무런 객관적인 검증도 없는 상황에서 자기 멋대로 이 사람이라면 믿을 만하다고 단정해버리기 때문이다. 그 결과 자신의 믿음과 상반되거나 좋지 않은 결과가 나오면 배신당했다고 실망을 한다.

이런 사람일수록 눈앞에 진짜가 존재해도 인식하지 못한다. 가짜를 진짜라고 믿고 속는 일만 되풀이할 뿐이다. 오히려 진짜를 가짜라고 판단하는 더 큰 실수를 저지른다.

인간관계도 마찬가지로 정말로 투자할 가치가 있는 사람인지, 믿음을 갖고 마음을 열어도 되는 사람인지를 구별하는 것은 철저한 분석력과 객관적인 평가에 의한 판단력에서이다.

학연이나 지연으로 혹은 어쩔 수 없는 관계 때문에 섣불리 믿음을 준다는 것은 어떤 분야에서도 소용되지 못하는 일이다. 때로는 냉정함으로 객관적인 판단력에 무게를 주는 것이 보다 철저한 자기 관리이며 발전의 요소가 된다.

상대에게 믿음을 주고 싶다면 사심을 버리고 객관적이고 철저한 분석을 통해 비로소 이 사람이다 싶을 때, 마음을 내밀어도 늦지 않다는 것을 명심해야 한다.

07

팀워크를 소중히 생각하는 습관

결점이 많은 젊은 사원을
잘 사용하지 못한다면 승부에서 이길 수가 없다

장기에는 임금, 상, 말, 차 포, 사, 졸 등 여러 가지 기능을 가지고 있는 패들이 있다.

그러나 어떤 패는 중요하고 어떤 패는 함부로 굴려도 좋다고 말할 수는 없다. 단지 졸은 수가 많기 때문에 가볍게 생각하기가 쉽다. '하수 장기는 왕보다 차를 귀중히 여긴다.'고 해서 하수는 간단히 졸을 죽여 버리기도 한다.

전문가에게 들어보면 졸 사용방법에 따라 상수인지 하수인지 그리고 그 사람의 힘은 어느 정도인지 알 수 있다고 한다. 하수의 장기는 졸 사용방법만 보고 있어도 거의 그의 실력을 추정할 수 있다는 것이다. 예를 들면, 차는 똑바로 어디까지든 나아갈 수 있는 능력을 가진 패인데, 상대도 그 능력을 이미 알고 있다. 그러니까 본래는 계속 대기시켜 놓아두는 패이다. 그런데 그것을 하수는 금방 사용하고 싶어서 걸림돌이 되는 아군의 졸을 간단히 죽여 버린다. 말도 기동부대이지만 무턱대고 움직여서 죽여 버린다.

장기의 패에는 제각기 장점과 단점이 있다. 그것을 조합해서 잘 사용하는지 못하는지가 실력으로 나타나는 것이다. 그래서 하수는 결점이 있는 패를 결점대로 사용하니까 곧 죽어 버린다. 그리고 차나 포처럼 사용하기 쉬운 패만 이용하다 지고 마는 것이다. 졸은 결점이 많지만 졸 없는 장기는 이미 진 장기라고 알려질 정도로 그 사용방법이 어렵다.

옛날부터 1년을 키우려고 생각하면 꽃을 키워야 하고, 10년을 키우려고 생각하면 나무를 키워야 하고, 100년을 키우려고 생각하면 사람을 키워야 한다는 말이 있다.

결국 졸이라는 것은 기업으로 말하자면 젊은 사원에 해당될 것이다. 그 결점이 많은 젊은 사원을 잘 사용하지 못한다면 승부에서 이길 수가 없다. 장기의 패를 움직이는 방법도 기업에서 사람을 움직이는 방법도 결국은 마찬가지다.

장기에서 패를 움직일 때 아무 생각이 없다면 상대를 공격하기는커녕 아군의 걸림돌이 되고 만다. 결국 쓸모없는 죽은 패가 되는 셈이다.

장기에서 이기려면 각 패의 결점을 보충하고 장점을 펼쳐 죽는 말을 만들지 말아야 한다. 그렇게 팀워크로 각 패들을 움직여 나가는 것이 비결인데, 기업에서 사람을 움직이는 방법도 마찬가지다.

명인의 기보를 보면 결국 졸 하나까지도 모두 참가시켜 전력을 다하여 승리의 기쁨을 맛본다는 것을 알 수 있다. 거기까지 이르기 위해서는 역시 많은 수련이 필요하다.

08

기회를 포착하는 습관

매사에 자신감을 가지고
실력을 충분히 쌓으면 언젠가는 기회를 잡을 수 있다

"기회는 앞 머리카락만 있고, 뒷머리는 벗겨져 있다. 기회를 만나려면 앞 머리카락을 잡으라."

영국의 속담이다. 기회란 한 번 놓치면 그만큼 잡기 힘들다는 의미이다. 우리가 이 세상에 태어날 수 있는 기회가 순간이었듯이 기회도 마찬가지다. 그런 순간의 기회를 잡는다는 것은 행운이고 복이다.

인생에는 여러 차례의 기회가 온다고 한다. 그 중에 단 한 차례만 잘 잡아도 어느 정도 성공을 할 수 있다. 그러나 자신에게 주어진 기회를 모두 자기 것으로 만드는 사람이 있는 반면에, 수많은 기회가 찾아와도 단 한 번도 잡지 못하고 늘 허덕이는 사람도 있다.

기회란 흔치 않지만 그 기회를 잡는 것도 쉬운 일은 아니다. 능력 있는 사람은 자신의 기회를 단번에 행운으로 만드는 사람이다. 기회를 잡고 놓치는 것도 사람의 능력이 좌우하는 것이다. 그래서 누구에게나 기회는 찾아오지만 그것을 잡고 행운을 얻는 사람은 한정이 되어 있다.

기회를 잡지 못하는 사람들의 네 가지 잘못된 습관이 있다.

첫째, 기회를 잡고도 기회가 왔는지 안 왔는지 모르는 사람

둘째, 기회를 잡고도 기회인지를 의심하는 사람

셋째, 기회를 포착했지만 잘못 잡은 사람

넷째, 기회를 잡고도 쉽게 놓치는 사람

첫 번째 경우는 자기 인생에 대해 전혀 책임질 능력이나 아무 생각도 없는 사람이다. 한마디로 전혀 준비가 되지 않은 무지한 사람이다.

두 번째 경우는 분명 무엇인가를 손에 넣었는데 이것이 독인지 약인지 분간을 못하는 사람이다. 이런 사람은 삶의 센스는 있는데 역시 무지한 사람으로 매사에 자신감이 결여되어 있어 판단이 흐린 사람이다. 그리고 자기 공부에 게으른 사람이다. 그러나 매사에 자신감을 가지고 실력을 충분히 쌓으면 언젠가는 기회를 잡을 수 있다.

세 번째 경우는 아직 기회를 포착하는 감식안이 부족한 사람이다. 그래서 여러 기회가 찾아왔을 때 자신에게 맞는 것을 선택하지 못하고, 좋은 기회를 잡았어도 자신감 있게 뛰어들지 못하게 된다.

네 번째는 기회를 잡기는 했지만 의지력과 추진력이 부족한 사람의 경우이다. 의지력이 부족할 경우 상황을 전체적으로 통찰하는 능력이 떨어져 기회를 놓치게 된다. 또한 자신의 기회를 어떤 상황에서도 추진하고 활용하려는 힘이 없으면 발전할 수가 없다.

결국 기회란 잡았다고 해서 그것이 꼭 완벽한 행운으로 이어지

지는 않는다. 자신의 능력과 습관으로 어떻게 이용하는가에 따라 달라지기 때문이다.

현명한 사람은 자신의 기회를 스스로 만들기도 한다. 그러나 그러한 능력이 있는 사람도 우연찮게 어떤 상황과 시기가 정확하게 맞아 떨어졌을 때에만 가능하다.

그리고 기회란 자신의 목표 안에 주어지는 것이지 밖에 주어지는 것은 아니다. 자신이 무엇이 되고자 노력하는 와중에 그런 기회가 오는 것이다. 다시 말해 자신에게 주어진 목표를 향해 열심히 노력하는 사람에게 그런 기회가 온다. 아무런 노력도 하지 않는 사람에게도 공평하게 기회가 주어지는 것은 아니라는 의미다.

기회가 왔다고 해서 모두 성공하는 것도 아니다. 기회를 포착해 그것을 활용하는 것은 능력과 습관에 비례하기 때문이다. 기회가 왔을 때 과감하게 선택하여 활용하는 능력과 습관이 무엇보다 필요하다. 우리 주위에는 기회를 엿보고 있는 사람이 많다. 자신의 능력을 갖추고 차분히 노력을 하면서 그 기회가 주어지기만을 기다리는 사람들이다. 이런 사람들에게는 언젠가 기회가 찾아오기 마련이다. 왜냐하면 그만한 능력이 있기 때문이다.

기회란 자기 목표를 향해 꾸준히 노력하는 사람에게 주어지는 신의 선물이다. 그렇다면 기회에 대한 설명은 간단하다. 여러분 앞에 기회가 닥쳤을 때 그 기회를 자기 것으로 만들기 위해서는 능력과 좋은 습관이 있어야 한다. 그러면 능력과 습관은 어디서 나오는 것일까. 많은 것을 경험하고 배워야 한다. 또한 평소 긍정적이고 발전지향적인 좋은 습관을 익혀야 한다. 그렇게 열심히 배우고 준비한 사람만이 진정 기회를 얻는 것이다.

일에 전념하는 습관 09

자신이 그 분야에 최고가 되리라는
확신이 있다면 그 흥미는 극에 달할 것이다

'자신의 부족한 점을 인식하는 것이 노련해지는 길의 초석이 된
다. 모든 일은 부족한 시점에서부터 출발하여 점차적으로 노련해
지는 것이기 때문이다.'

이 말은 옛날뿐만 아니라 현대를 살아가는 모든 사람에게 그대
로 적용되는 말이기도 하다.

'처음 얼마 동안은 서툴겠지만 그것에 계속 몰두하면 몰두할수
록 차츰 숙달되게 된다.'고 해석할 수도 있겠다. 더 나아가서 이
말에는 흥미라든가 관심, 의욕 따위는 그 일에 몰두하여 있을 때
자연스럽게 솟아나는 것이지 그 전부터 느껴지는 것은 절대로 아
니라는 의미도 함축하고 있다.

예를 들어, 골프를 시작하면 정말로 재미가 붙는 것은 9홀을 50
타 정도로 끝내는 때라고 한다. 다시 말해 골프를 치기 시작한 지
몇 년이 흘러 골프라는 것을 어느 정도 알고 자신이 생겼을 때부

터라는 뜻이다.

50타로 끝내게 되어서 '나도 꽤 능숙해졌는데!' 하고 우쭐대기라도 하면 그 다음은 제자리걸음을 하기 일쑤다, 더 이상 실력이 향상되지 않는다.

이것은 골프에만 국한된 이야기가 아니다. 모든 스포츠에서도 마찬가지다. 스포츠뿐만 아니라 바둑이나 장기 또는 일이나 사업 같은 승패를 겨루는 것이나, 여러 가지 배움이나 훈련에도 적용이 된다.

공부도 그렇다. 몰두하여 열중하는 사이에 점차 재미가 붙게 된다. 영어 회화를 예로 들어보자. 처음에는 미국인이 이야기하는 내용을 전혀 알아듣지 못하기 마련이다. 이럴 때 회화 공부는 고통스러우며 전혀 재미가 붙지 않는다. 하지만 상대의 이야기를 조금씩 알아듣기 시작하면 점차 재미있어지기 시작하며 좀 더 알고 싶어지게 된다. 그렇게 되면 열심히 회화공부에 몰두하면서 점점 귀가 열리게 되는 것이다.

일도 이와 마찬가지다. 열중하면 열중할수록 흥미로워지는 것이 일이다. 하기 전부터 흥미를 느끼는 것이 아니라 열심히 일에 몰두함으로써 흥미를 느끼게 되는 것이라 생각한다. 또 자신이 그 분야에 최고가 되리라는 확신이 있다면 그 흥미는 극에 달할 것이다.

그런데 현재의 우리는 무엇인가가 결여된 듯한 마음속의 공허함을 느끼며 살아가는 것같이 느껴진다. 모두가 대학에 가니까 이렇다 할 궁극적인 목표도 세우지 않고 그저 따라가듯 진학하는 풍조처럼 말이다.

회사에 다니는 사람도 이와 다를 바 없다. 일을 하지 않으면 살아갈 수 없으므로 회사에 다니고 있다. 물론 그것은 삶의 문제를 해결하기 위한 당연한 일일지도 모른다. 그러나 아무런 흥미도 느끼지 못하여 마지못해 일을 하는 사람들이 뜻밖에 우리의 주변에 많음을 알 수 있다. 그것이 바로 문제인 것이다.

일이든, 놀이든, 공부든 거기에 몰입할 때 진정한 즐거움을 느낄 수 있는 것이다.

10 자신을 다그치는 습관

자신이 지쳤다고 생각한 것은 결국 그때의 상황일 뿐이다
얼마든지 돌파구를 모색할 수 있는 판단력은 살아있다

　　호화 유람선이든 작은 선박이든 구명정은 반드시 구비되어 있기 마련이다. 구명정을 비치할 여건이 못 된다면 튜브라도 매달아놓는 것이 현실이다. 행여 발생할지 모르는 사고에 대한 최소한의 구급책이다. 그런데 만약 모든 선박에 구명정을 비치하지 말라는 규정이 생긴다면 어떨까? 사고로 인해 목숨을 잃는 사람이 그만큼 더 늘어난다고 생각할지도 모른다. 하지만 그 반대일 수도 있다.

　　구명정이 없다는 사실을 인식해 선장은 평소보다 더 조심해서 운항을 할 것이고, 배에 탄 사람들도 긴장을 잃지 않고 조심하며 안전사고에 더 신경을 쓸 것이다.

　　우리는 살아가면서 때로는 자신을 궁지에 몰아넣고 다그치는 훈련을 할 필요가 있다. 차선책이 없고 후퇴할 수도 없는 극한 상황에 자신을 몰아넣고 더욱 강한 생명력으로 키우는 과정이다.

　　'당신의 뒤에 놓여있는 다리를 불태워라(Burn your bridge

behind)'라는 말이 있다. 자신이 건너온 다리를 불태운다면 다시는 되돌아갈 수 없다. 오직 남은 것은 전진뿐으로 곧 '배수의 진을 친다'는 의미이다.

만약에 한 걸음도 옮길 수 없을 만큼 지친 상황에서 화재가 발생했다고 가정하자. 불길은 다가오고 곧 죽을 것만 같은 상황이라면 그래도 일어서지 않겠는가? 그대로 자신이 불에 타 죽는 것을 방치할 것인가? 대부분의 사람들은 사력을 다해 도망칠 것이다. 결국 자신이 판단했던 것처럼 전력을 소모해 힘이 빠진 상태가 아니라는 것이다. 자신이 지쳤다고 생각한 것은 결국 그때의 상황일 뿐이다. 아직 여력이 남았으며 얼마든지 돌파구를 모색할 수 있는 판단력은 살아있다.

질병에 시달릴 때 그것을 고치려고 서두르면 오히려 덧나게 마련이다. 조급한 마음을 버리고 꾸준히 다스리면 질병은 자연스럽게 치유된다. 예상과는 달리 중환자들의 질병이 더 쉽게 낫는다고 한다. 왜냐하면 모든 치료법에서 더 이상의 희망을 찾지 못한 채 오직 자신의 생명력에만 의존하기 때문이다. 모든 통로가 차단되어버린 '배수의 진' 상태에 의해 자연치유력이 발생하기도 하는 것이다.

어떤 일에 봉착했을 때 혹은 실패했을 경우라도 돌아갈 통로가 없다고 생각해야 한다. 자신의 모든 것을 동원해 전념할 수 있도록 모든 통로와 다리를 불태워버려야 한다. 그런 각오로 임한다면 이루지 못할 성공은 없다. 단지 우리는 새로운 길이 있을 것이라는 막연한 동경과 누군가 구원해주겠지 라는 나약한 꿈에 젖어있기 때문에 전진하지 못하는 것이다.

11 일을 즐기면서 하는 습관

일을 해보고 그것이 나에게 맞는지 가늠해보는 것도 필요하다
그래서 일이 내가 되고 내가 그 일이 될 때까지 온몸을 던져야 한다

일을 소명으로 생각하는 전환이 필요하다. 소명(vocation)은 '부르심(calling)' 이라는 라틴어에서 나온 말이다. 또한 부르심은 '목소리(voice)' 에서 유래된 말이다. 일이란 이런 것이어야 한다. 나를 부르는 것, 즉 내가 누구이며 세상에서 어떤 생각을 전달하고 싶은지 확실한 자신의 목소리를 내는 것이다. 소명을 발견할 수 있다면 어떤 일이든 즐거움으로 감당할 수 있을 것이다.

그렇다면 일을 놀이라고 생각한다면 어떨까.

누군가 우리에게 일과 놀이 중에 어느 쪽이 더 흥미롭겠냐고 묻는다면 당연히 후자라고 대답할 것이다. 그러나 놀이도 자신이 원하는 상태에서 이루어져야 흥미를 유발하고 만족을 얻어낼 수 있다.

휴일을 맞아 가족이나 가까운 사람들과 함께 공원으로 자전거를 타러 나간다고 하자. 그런데 스스로 원해서가 아니라 의무감이

나 강제성을 띤 상태에서라면 그다지 즐겁지 않다. 분명 놀이인데도 오히려 노동처럼 여겨질 수도 있다. 결국 즐거움보다는 고통에 가까운 일이다.

일과 놀이의 차이는 마음먹기에 달려있다.

놀이는 즐기는 것으로 받아들이기 때문에 즐거울 수밖에 없다. 하지만 일은 하지 않으면 안 되는 것으로 생각했기에 즐겁지 않은 것이다. 자발적인 행동만이 그 차이를 극복할 수 있다.

우리는 이상하게도 누군가 강요하거나 시키는 일에 대해서는 마음이 내키지 않는 심리를 갖고 있다. 하지만 스스로 떠올렸거나 오래 궁리했던 일에 대해서는 전력투구하는 행동을 보인다. 신명이 나고 너무 흥이 난 나머지 밤을 새워도 피곤한 줄 모른다.

일을 흥미로운 놀이로 생각할 수 있는 힘은 바로 자발적인 태도이다. 일을 해야지만 나와 내 가족이 살 수 있다는 단순한 논리에서 벗어나는 것도 한 방법이다. 물론 생활의 근본은 일이겠지만 보다 큰 의미를 부여하는 것도 동기가 된다.

생각만으로는 자신이 진정 하고 싶은 일이 무엇인지 판단이 서지 않을 때도 있다. 일을 해보고 그것이 나에게 맞는지 가늠해보는 것도 필요하다. 그래서 일이 내가 되고 내가 그 일이 될 때까지 온몸을 던져야 한다. 그런 다음 일을 포기할 것인지 아니면 내 쪽으로 더욱 절실하게 끌어들여 함께 할 것인지 결정해도 늦지는 않다.

아직도 주어진 일 앞에서 망설이고 있는 사람들이 있다면 이런 말을 들려주고 싶다.

"백 년을 산다는 생각으로 일을 하라. 그리고 내일 죽는다는 생각으로 놀아라!"

12 파트너를 잘 고르는 습관

세련되고 월등해 보이는 사람보다
아직은 미완성이지만 가능성이 열려있는 인재도 놓쳐서는 안 된다

성공한 사람들 곁에는 늘 능력 있고 신뢰를 한 몸에 받는 인재가 있는 법이다. 오른손과 왼손을 대신할 정도로 성공을 위한 숨 가쁜 페이스에 충실한 조력자 역할을 하는 존재이다. 보다 빠른 성공과 단단한 입지를 구축하려면 함께 할 훌륭한 파트너나 인력을 선별하는 안목도 중요하다.

과연 어떤 사람이 훌륭한 역할을 하는 파트너일까?

우선 당장 꽃집에 가서 꽃을 골라보라고 충고하고 싶다.

당신은 꽃을 살 때 어떤 쪽을 선호하는가? 활짝 만개한 것과 이제 막 꽃봉오리를 피우려는 것 중에 어떤 것을 선택할 것인가. 만약 만개한 꽃을 선택했다면 성급하거나 눈에 보이는 결과만을 좇는 타입일 수 있다. 만개한 꽃이 아름답지 못한 것은 아니지만 수명은 그리 오래 가지 않는다.

반면에 이제 막 피어나는 꽃봉오리는 시시각각 피어나는 생명

력과 서서히 아름다운 자태로 변하는 과정을 선물한다. 희망과 기다림 그리고 만족감을 제공한다.

보다 능력이 뛰어나거나 어떤 경지에 오른 존재를 부정하는 것은 아니다. 단지 그런 사람은 자칫 자만심 때문에 추진하는 일에 역효과를 가져올 수도 있다. 이미 능력이 있다고 판단한 결과 자만과 나태함이 스며들 수도 있다.

반면에 아직 완벽하게 꽃을 피우지는 않았고 결점이 더 많은 모습이지만, 달라질 내일을 엿볼 수 있게 하는 존재는 다르다. 꽃봉오리를 터뜨리기 위해 내적 아름다움을 축적해가는 과정이라 가능성을 예감하게 한다. 사람으로 치자면 가장 생기 넘치고 무한한 가능성을 다지는 시기이다.

인재를 선별하는 조건은 상황에 따라 다를 수 있다. 전문성을 요하는 것이라면 이제 막 사회에 뛰어든 사람보다는 경험자가 더 적합할지 모른다. 하지만 세련되고 월등해 보이는 사람보다 아직은 미완성이지만 가능성이 열려있는 인재도 놓쳐서는 안 된다.

눈앞에 보이는 완성된 존재에게만 점수를 주고 인정하려는 태도에서 벗어날 필요가 있다. 무한한 가능성의 꽃씨를 품은 채 내실을 기하며 하루하루 성장해가는 존재들에게도 눈길을 돌려야 한다. 그들은 곧 새로운 꿈을 터뜨릴 또 하나의 완벽한 아름다움이기 때문이다.

13 상대방을 제압하는 습관

어리석은 사람은 대답해서는 안 되고
현명한 사람은 두려워해서는 안 된다

상대방을 한 입에 삼켜 버릴 만한 배짱을 가져라 그러려면 상대를 보는 관점을 바꾸는 것이 좋다. 상대방을 실제 이상으로 높이 평가해 놓고 두려워할 필요는 없다. 마음에서부터 지고 들어가 허황된 상상의 날개를 너무 펴서는 안 된다.

서로 사귀지 않았을 때는 대단한 인물이라고 생각했던 사람도 막상 이야기를 나누다보면 뜻밖에도 별다른 데가 없어 실망시키는 경우도 많다. 신이 아닌 이상 누구나 한계가 있는 법이다.

높은 지위에 있는 사람은 나름대로의 위엄을 갖추고 있지만 겉보기만큼 뛰어난 자질을 갖추고 있는 사람은 좀처럼 찾아볼 수가 없다. 운명의 신은 높은 지위를 획득한 사람에게 큰 재능까지 주지는 않는다.

상상의 해독은 언제나 실제의 것을 앞질러 가서 실제 이상의 것을 그리고 있다는 데 있다. 현실에 있는 것뿐만 아니라 현실에서 있음직한 일까지도 눈앞에 있는 것처럼 생생하게 보는 것이다. 지금까지의 경험에 비추어 보고 이성을 가지고 사물을 분명히 직시해서 상상으로 그려보았던 모습들을 부정해야 한다.

어리석은 사람은 대답해서는 안 되고 현명한 사람은 두려워해서는 안 된다. 자신감을 갖는 일이 어리석고 단순한 사람에게 도움이 되는 것이라면 현명하고 용기 있는 사람에게는 무엇보다도 강한 힘이 되어 줄 것이다.

14   자기 자신에게 솔직해지는 습관

자신에 대해서 바로 알고
자신에게 주어진 상황에 열심일 때 성공의 열쇠가 주어질 것이다.

　값비싼 아이아몬드의 원석을 갖고 있으면서도 다른 사람이 아름답게 가공한 다이아몬드를 자기의 원석과 비교하여 자기의 것은 가치가 떨어지는 것으로 치부해 버리는 경우가 있다.

　갈고 닦으면 더욱 멋지고 훌륭하게 빛나는 다이아몬드가 된다는 사실을 깨닫지 못하고 있는 것이다.

　설사 그것을 깨닫는다 해도 갈고 닦는 일이 자기가 할 일이 아니라는 생각에 젖어 엄두도 내지 못하고 있는 것이다. 시간이 없고 귀찮고 힘든 일이라 생각하여 감히 다듬어 빛이 나는 멋진 보석으로 만들기를 거부한다.

　제아무리 값비싼 옥돌이라도 갈고 닦지 않으면 제 빛을 낼 수 없으며 값진 보석으로서의 가치와 생명감을 부여할 수 없는 것이다.

　어떤 사람은 인간의 재능이란 천성적으로 갖고 태어나는 것이라고 하고, 또 어떤 사람은 약간의 재능과 끈질긴 노력이 따른다면 가능한 것이라고 보고 있다. 만약 그렇다면 환경과 기회를 유효적절하게 활용하는 것이 중요하다고 할 수 있다.

하지만 약간의 재능과 피나는 노력에 의해 만사가 이루어질 수 있다는 사실을 뻔히 아리면서도 실천하지 못하는 사람들이 너무나 많다. 자기 자신의 특성이나 개성을 발견하지 못하고 있기 때문이라 할 수 있다.

자기 자신에 대해서 솔직해질 필요가 있다. 그리고 자기 자신을 철저하게 파악할 필요가 있다. 자신에 대해서 바로 알고 자신에게 주어진 상황에 열심일 때 성공의 열쇠가 주어질 것이다.

15 남보다 1퍼센트 더 노력하는 습관

전력을 다 하지는 것은 지금까지보다도 몇 배나
열심히 하라는 이야기가 아니다. 10퍼센트만 더 노력을 기울이자.

심리학자에 의하면 인간은 자기 능력의 25퍼센트 정도를 사용
하면서 살아간다고 한다.

즉, 우리에게는 백의 능력이 있지만 백의 능력을 다 표현하고
발휘한은 것은 아니라는 말이다. 대부분의 사람들은 그 중에 4분
의 1정도를 발휘하고 그것이 자신의 능력의 전부라고 생각한다.

바로 여기에서 성공하는 사람과 실패하는 사람의 차이가 생기
는 것이다. 성공하는 사람은 자신의 내부에 숨어있는 능력을 발견
하기 위해 시간을 투자하고, 실패하는 사람은 자신의 능력이 부족
하다고 한탄하면서 시간을 허비하는 것이다. '성공을 판가름하는
것은 근소한 일보의 차이에 있다. 한발 앞서 나아가는 사람은 성
공하고 뒤처지는 사람은 불운을 탄식한다.' 는 말이 있다.

프로야구 이야기이다. 타자가 공을 치고 일루 베이스로 달려간다.

그때 아웃인가 세이프인가의 차이는 불과 20센터 이내라는 사실이다. 이것은 프로야구 해설자가 조사해본 자료에 의해 알려진 것이다. 과연 신빙성이 있는 말이라고 생각된다. 결국은 아웃과 세이프의 차이는 일보의 차이도 없는 셈이다. 정말 근소한 차이일 뿐이다.

사람과 사람과의 차이도 근소하기 짝이 없다. 그러나 그 근소한 차이에는 중요한 의미가 있다. 일례로 대학교 입시의 합격과 불합격의 차이는 약간의 점수 차이에 있다. 그 약간의 차이가 그 사람의 운명이나 인생의 흐름을 바꾸어 놓는 일도 있을 수 있다. 정말 어떤 일이든지 근소한 차이에 중요한 의미가 함축되어 있음을 알 수 있다.

'아주 조금이라도 좋으니까 지금까지 보다도 조금만 더 힘을 내라.' 는 교훈이다. 요컨대 좀 더 전력을 기울이라는 것이다. 그렇게 함으로써 모든 면이 점차 변화하게 될 것이다. 지금까지 보다도 10퍼센트만 더 힘을 낸다면 수입도 몇 배로 증가할 수 있다.

프로야구의 예로 설명하자면 2.5할의 타율을 가진 선수와 3.5할의 타율을 가진 선수의 연봉을 비교해보면 금액은 정말로 몇 배나 차이가 난다. 그렇지만 실제로 야구에서의 격차는 그다지 크지 않다. 다시 말해 3.5할의 선수가 10회 중 1회만 좀 더 히트를 치고 있는 정도의 차이에 불과하다. 2.5할의 선수보다도 10퍼센트만 분발하고 있음에 지나지 않는다. 프로는 그 근소한 차이에 생명을 걸고 있다. 프로야구의 세계에서 일어나는 일이니까 자신과는 관계가 없는 일이라고 생각하지는 않는가. 나는 정말 전력을 다하고 있는지 한번쯤 반성해 볼 필요가 있다. 전력을 다 하자는 것은 지금까지보다도 몇 배나 열심히 하라는 이야기가 아니다. 10퍼센트만 더 노력을 기울이자.

16 매너리즘에 빠지지 않는 습관

오늘 하루를 어떤 것에서 부터든 행동으로 옮겨보자
그것은 반드시 장래에 자신의 실력이 될 것이다

일생을 바쳐 할 일이 있다는 것은, 가장 즐겁고 멋진 것이다. 반면에 세상에서 가장 쓸쓸한 것은, 할 일이 없다는 것이다.

활기를 자극하는 일이 없다면 산다는 것은 정말 시시하기 짝이 없다. 따분한 것이 고통스러워 견딜 수 없고 무미건조함에 삶의 의미마저 상실할지 모른다.

인간의 두뇌는 한 가지 일을 계속하게 되면 거기에 숙달되게 된다. 그런 만큼 능률도 상승하지만 그 반면에 사고방식이나 행동은 저하되는 경향이 강해지게 마련이다.

이것은 도저히 회피할 수 없는 상황이다. 요컨대 지금까지 해온 행위가 숙달됨과 동시에 어느덧 나태함을 불러일으키게 된다는 말이다. 이른바 매너리즘에 빠지는 현상이다. 점점 그 일에 싫증을 느끼게 된다. 즉, 따분해서 견딜 수 없다는 상태에 도달하는 것이다. 이렇게 되면 '새로운 방식으로 해보자.' 하는 의욕이 생기기 어렵게 된다. 결국 능률은 두드러지게 저하되어 갈 뿐이다.

이런 매너리즘, 나태성에 빠지지 않기 위한 대책은 없는가.

먼저 다음과 같은 것을 시험해보면 어떨까.

1. 쉬운 것에서부터 어려운 것으로
2. 단순한 것에서부터 복잡한 것으로
3. 예전에 체험한 것에서부터 처음 하는 것으로
4. 단시간 내에 처리할 수 있는 것에서부터 장시간을 요하는 것으로
5. 필요한 것에서부터 지금 당장은 필요하지 않은 것으로
6. 잘하는 것에서부터 못하는 것으로

그렇게 한다면 점점 재미도 생기게 되고 자신감도 갖게 되므로 기분도 좋아지게 된다.

도전의 용기도 계속하고자 하는 끈기도 먼저 행동으로 옮긴 후에 생기게 된다. 뜻한 대로 잘 이루어지지 않는 일일수록 그것을 실현하게 되었을 때의 성취감이란 그 어떤 것에서도 느낄 수 없는 뿌듯함을 맛보게 된다. 오늘 하루를 어떤 것에서 부터든 행동으로 옮겨보자. 그것은 반드시 장래에 자신의 실력이 될 것이다. 그리고 그것이야말로 자신을 성장시켜 성공을 거머쥐기 위한 가장 최고의 확실한 방법이 되어 줄 것이다.

순리에 따르며 사는 습관

노력도 들이지 않고 무엇을 바란다는 것은
자연 속의 나를 부정하는 것이다

자연의 순리는 우리가 탐독해야 할 훌륭한 교과서이다. 그래서 우리가 끊임없이 배우고 연구해야 할 대상이기도 하다. 그중에서도 대자연 속에 존재하는 상반되는 것들의 관계를 통해 하나의 진리를 찾아봐야 한다.

남자가 있으면 반드시 여자가 존재한다. 또한 낮이 있으면 반드시 밤이 존재하며 불에는 물이 있다. 그리고 플러스와 마이너스, 원심력과 구심력 등 이루 헤아릴 수 없는 상반된 존재들이 공존한다.

하지만 이 같은 상반된 것들이 상호간에 조화를 이루고 있다는 것에 우리는 주목해야 한다. 우리 인간의 지혜로는 도저히 미치지 못할 신비로운 섭리가 우주에는 존재하는 것이다.

원인이 있으면 그에 따른 결과가 있는 법이다.

이 인과의 법칙은 곧 베푸는 대로 돌아온다는 대자연의 섭리와도 같다. 쌀이 수확되려면 우선 모판에 볍씨를 뿌려 그것을 논에 심어야 한다. 거름을 적시에 주고 병충해를 방지하기 위한 정성과 손길이 닿아야지만 비로소 가을에 벼를 수확할 수 있다.

벼가 아무런 탈 없이 성장할 수 있도록 온갖 노력을 베푼 원인이 있었기 때문에 풍성한 수확을 기대할 수 있는 것이다.

우리들의 삶에서도 인과의 법칙은 적용된다. 우리가 돈을 쓰든 능력을 발휘하든 다른 사람들의 기쁨과 만족을 위해 소용될 때만이 진정한 가치가 있는 것이다. 대자연이 제공하는 공기는 무한하지만 우리에게 매우 소중하고 고마운 선물이다. 그런데 만약 모든 사람들이 공기를 호흡하기만 하고 내뿜지 않는다면 어떻게 되겠는가? 결국 인간뿐만 아니라 모든 생명체는 질식해 죽고 말 것이다.

자연의 순환에 역행했기 때문이다. 들이마신 공기를 내뿜어야 다시 새로운 산소를 마실 수가 있다. 신진대사가 왕성해야 만 우리는 생명을 유지해갈 수 있다. 결국 지금 소유하고 있는 것을 주고 난 후에 다음의 것이 주어진다는 것이다.

기업의 경우 좋은 제품을 만들고 그에 따른 적당한 이익을 책정하여 판매하게 된다. 이는 당연한 일로 기업이 공급하는 제품이나 서비스의 공헌도에 따른 보수가 주어지는 것이다. 사회에 부여한 가치의 크기에 따라 이익의 정도로 결정되는 것이다.

무엇을 얻고자 한다면 그에 따른 투자와 노력 그리고 정성을 들여야 한다. 노력도 들이지 않고 무엇을 바란다는 것은 자연 속의 나를 부정하는 것이다. 아무런 정성도 없이 대가만을 기대하는 것은 성공과는 먼 자기후퇴만 부추기는 일이다.

승부에서 졌을 때 인간은 두 종류로 나뉜다. 져서 못 쓰게 되는 타입과, 지더라도 강해지는 타입이다. 지는 것이 꼭 나쁜 것은 아니다. 지고 나서 사람까지 못 쓰게 망가지는 것이 문제다. 매번 지기만 하더라도 질 때마다 강해질 수 있다면 인생의 승부에 있어서는 승자가 될 수 있다.

4

인생의 전환점을
성공으로
매듭지을 수 있다

Power of

habit

HABITS TO
success

긍정적 마인드를 갖는 습관

처음에는 본심이 아닌 연기라도 좋으니까
낙천적으로 행동하여 밝은 사고방식을 몸에 익히도록 하자

세계를 정복했던 칭기즈칸은 말했다.

"성을 쌓고 사는 사람은 반드시 망할 것이며, 끊임없이 이동하는 사람만이 살아남을 것이다."

인간은 앞을 향하고 있는 것 같아도 실상은 뒤를 보고 있다는 말이 있다. 우리들은 매사를 적극적으로 생각하는 듯하지만 어쩔 수 없이 소극적인 방향으로 흐르기 쉽다는 의미이다.

적극적인 사고방식과 소극적인 사고방식을 조정하는 뇌의 움직임은 전혀 다르다고 한다. 밝은 쪽으로 생각하면 기분도 즐겁다. 그러므로 혈액순환이 원활해져 몸의 컨디션도 좋아진다. 집중력도 증가되므로 좋은 아이디어도 쉽사리 떠오른다.

반대로 어두운 쪽으로 생각하게 되면 무엇보다 우선 불안이 크게 자리 잡는다. '이래도 안 되고 저래도 안 돼. 무엇하나 잘 되어가는 게 없어.' 라는 식의 걱정에만 빠지게 되는데 이럴 경우 머릿

속만 혼란해질 뿐이다.

이런 심리 상태에서는 그 어떤 일도 잘 될 수가 없다. 하고자 하는 일이나 생각마다 고난의 연속이고, 그 때문에 늘 컨디션도 나쁘게 된다. 또한 항상 속이 쓰리고 두통도 떠나지 않아 매사에 의욕이 없어진다.

회사에서 지방으로 전근명령을 받았다고 가정을 하자. 이때 '최악이군. 그런 시골구석에 처박히게 되다니 난 정말 운이 없는 놈이야!' 라고 받아들인다면 부정적 사고형의 인간에 속한다. 이런 타입은 미래에도 계속 출세는커녕 발전조차 하지 못하게 된다.

현재 회사에서 상당한 지위에 앉아 있는 사람도 지금까지 걸어온 길이 순풍대로만은 아니었을 것이다. 전근에 또 전근을 되풀이 하고 때로는 상사로부터 뼈아픈 소리도 들었을 것이다. 하지만 꿋꿋하게 모든 시련을 이겨내고 지금의 위치에 부상해 있는 것이다. 이런 사람은 예외 없이 긍정적 사고형의 인간이다.

인생이 고달픈가, 행복한가는 그 상황에 의해 결정되는 것은 아니다. 자신의 마음 하나에 달려 있음은 누구든지 익히 알고 있는 사실이다.

그렇기 때문에 같은 전근 명령을 받았을지라도 긍정적 사고형의 인간은 그것을 달리 해석하게 된다.

'지방도 나쁘지 않아. 거기서 실적을 올려 나의 존재를 뚜렷하게 부각시키자. 어쩌면 두각을 나타낼 수 있는 절호의 기회일지도 모른다. 이곳에 비하면 공기도 좋고 다소 자유로운 시간을 만들 수도 있어. 좋다, 한 번 해보자!' 라고 적극적으로 받아들이는 것이다.

매사에 소극적인 태도로 끌려가듯 임한다면 새로운 길이 열릴 리 만무하다. 처음에는 본심이 아닌 연기라도 좋으니까 낙천적으로 행동하여 밝은 사고방식을 몸에 익히도록 하자. 그러기 위해서라도 가능한 한 적극적인 사람과 교제하는 것도 바람직하다. 유유상종이란 말도 있지 않은가.

02 작은 체험들을 쌓아가는 습관

우리가 어떤 새로운 일을 시작하고자 할 때
미지에 대한 공포와 불안은 으레 따르게 마련이다

　몇 해 전에 출간된 책 「돌다리를 두드리면 건널 수 없다」는 지금
까지도 영원한 베스트셀러로 독자들에게 사랑을 받고 있다.

　이 책은 난관에 부딪칠 때마다 다시 읽어보면 그 해결방법을 알
려주고 있어 신기할 따름이다. 아마도 우리에게 창조성과 용기를
부여해 주고 있기 때문이 아닌가 싶다.

　저자는 일본 최초로 남극관측대의 대장을 역임한 사람이다.
130명의 대원들과 남극에서 겨울을 지낸 대단한 업적을 이룬 유
명한 사람이기도 하다. 한 치 앞이 암흑인 세계에서 겨울을 이겨
냈으니 정말 대단한 집념의 소유자인 듯싶다.

　모든 행동은 예측에서 시작되어 예측으로 끝내야 하는 고난의
연속이었다. 바로 눈앞은 온통 암흑이라 예측만 믿고 움직일 수밖
에 없었다. 그 대장이 다시 일본으로 돌아왔을 때 여러 사람으로
부터 질문을 받게 되었다.

"그곳에서 겨울을 지내는 동안 무엇이 가장 두려웠습니까?"

"미지가 가장 두려웠습니다."

내일은 어떤 강풍이 불어 닥칠까, 추위는 어느 정도일까 등등 도저히 예측할 수 없는 상황이었기 때문에 그 막막함에서 오는 공포와 두려움이 가장 무서웠다는 것이다.

그러나 남극에서 생활한 지 1년이 지나자 자신감을 가져도 좋을 정도로 여러 가지 일을 터득할 수 있게 되었다고 한다. 태풍이 불면 따뜻해진다, 지붕 위에는 눈이 쌓이지 않는다는 것들을 차츰 알게 된 것이다. 그러나 그런 것들을 모르는 동안에는 모든 것에 조심해야만 했었다.

그의 말에서 주목해야 할 점이 있다. 그것은 다음 한마디이다.

"매사를 헤쳐 나갈 때 처음과 두 번째와는 하늘과 땅만큼 차이가 있다. 그러나 두 번째와 세 번째는 별 차이가 없다."

이 말은 미지에 대한 두려움과 시련의 중요성을 강조하고 있는 것이다. 그 증거로 첫 번째 대원들은 가족들과 눈물로 이별을 하고 출발하였다. 살아서 돌아올 수 있을까 조차도 알 수 없는 상황이었다. 또한 어쩌면 다시 만날 수 없을지도 모른다는 두려움이 앞서기 때문이었을 것이다.

그러나 두 번째 이후 대원들은 불안을 느끼지 못했다. 잠시 동안 해외여행에 나서는 기분으로 가족들의 전송을 받았다고 한다.

우리가 어떤 새로운 일을 시작하고자 할 때 미지에 대한 공포와 불안은 으레 따르게 마련이다. 그러나 그것을 극복하고 나아갈 수 있는 용기가 정말로 중요한 것이라 생각한다. 그 용기가 없으면 언제까지나 자신의 목표를 달성할 수 없기 때문이다.

03 실패에 절망하지 않는 습관

실패로 인해 절망이라고 선언하지 말고
아직 기회가 있다는 생각으로 도전해야 한다

실패를 할 때마다 모두가 좌절하고 주저앉는다면 이 세상에 승리자는 존재하지 않는다. 오히려 아무런 목적도 꿈도 꾸지 않는 사람이 행복을 얻는 일이 벌어질지도 모른다.

IBM의 설립자인 톰 왓슨은 정당하게 실패한 일에 대해서는 결코 책임을 묻는 일이 없었다.

젊은 부사장이 신제품 개발계획을 보고하였다. 톰 왓슨은 그에게 이 사업의 성공여부를 물었다. 부사장은 큰 수익을 가져올 가능성이 높다며 계획안의 실행을 주장하였다.

그러나 그 신제품 개발 사업은 회사에 2천만 달러라는 거액의 손해를 입히고 결국 실패하고 말았다.

부사장이 톰 왓슨을 찾았다.

"회사에 막대한 손해를 끼친 것에 책임을 지고 사직하겠습니다."

그러나 톰 왓슨은 정색을 하며 말했다.

"무슨 소리인가! 나는 자네를 교육시키는데 2천만 달러를 들였단 말일세. 다시 시작하게."

아무리 재능이 뛰어나고 명석한 사람이라도 평생을 살아가면서 몇 번의 실패를 맛보게 된다. 인간은 불완전한 동물이기 때문에 실패를 자각의 기회로 삼을 수밖에 없다.

성공과 실패는 지극히 미묘해서 행여 넘나들고 있으면서도 자각하지 못할 때도 있다. 조금만 인내하고 노력하면 선을 넘어 성공에 안주할 수 있지만 대부분 어느 지점에서 포기하는 경우가 많다. 오늘이 어둡다고 나머지 일 년을 동굴로 들어가 잠을 자는 일과도 같다. 썰물은 반드시 밀물을 예고하는 전조이다.

실패로 인해 절망이라고 선언하지 말고 아직 기회가 있다는 생각으로 도전해야 한다. 지금 상황에서 조금만 더 노력하면 성공이 보인다. 항상 하고자 하는 의욕과 신념만 있다면 실패는 성공 바로 옆에 있는 현실이다.

04 방심하지 않는 습관

재차 확인하고 다짐을 받아서
행동으로 옮기도록 촉구함으로써 일을 잘 마무리해야 하는 것이다

나폴레옹은 이렇게 말했다.

"전투에서의 승부는 최후의 5분간에 결정된다."

무슨 일이든 결과가 완전히 나오기 전까지는 마지막 순간까지 결코 포기해서는 안 된다는 말이다.

시작도 하기 전에 실패할 것이라고 지레짐작을 하는 사람이 있다. 또 의욕을 갖고 일에 뛰어들었다가 작은 문제라도 생기면 그 즉시 뒤로 물러나 포기해 버리는 사람도 있다.

비즈니스 세계에서 고객에 대한 설득은 매우 중요하다.

설득을 잘하려면 상대의 이야기를 많이 들어주고 어떤 생각을 하고 있는지 파악하는 것도 매우 중요하다. 설득을 하겠다는 마음에 끊임없이 이야기를 늘어놓지만 시간만 흘러갈 뿐 아무런 소득이 없는 경우가 많다. 이럴 때는 말을 중단하고 상대의 이야기를 잘 듣고 있다가 급소를 찾아내 그 점을 정확히 짚어주면 훨씬 효

과적으로 YES를 이끌어낼 수 있다.

나무타기의 명인이 있다. 그는 나무 타기 명인이 되고 싶어 찾아오는 사람들에게 이렇게 말했다.

"다 내려왔다고 생각한 순간에 주의해야 합니다. 올라갈 때보다 내려올 때, 특히 발이 땅에 닿으려고 하는 그 마지막 순간에 가장 조심해야 합니다."

일이 거의 끝나갈 때쯤 되면 긴장을 풀고 방심하는 사람들이 흔히 가지고 있는 맹점을 정확히 짚어내고 있는 말이다.

설득에서도 같은 충고를 적용할 수 있다. YES가 곧 행동으로 이어지리란 보장은 어디에도 없다. YES라는 대답을 들었으니 이제 만사 OK라고 마음 푹 놓고 있다간 언제 다시 NO로 바뀔지 모른다. 재차 확인하고 다짐을 받아서 행동으로 옮기도록 촉구함으로써 일을 잘 마무리해야 하는 것이다.

설득을 퍼즐 맞추기에 비유하는 건 바로 이런 이유이다. 퍼즐에서 마지막 한 조각이 맞춰지지 않으면 아무 소용이 없는 것처럼 설득에서도 이 마지막 한 조각을 잊지 않도록 유념해야 한다.

승부는 최후의 순간에 결정된다는 말은 끝까지 희망을 버려서는 안 된다는 뜻으로 해석할 수도 있지만 한편으로는 마지막 순간까지 방심해서는 안 된다는 뜻으로도 해석할 수 있다.

05 후회하지 않는 삶을 사는 습관

기회는 수많은 가능성 가운데서
결국 우리가 선택하여 도전하고 해결해야 하는 것이다

많은 사람들은 오늘도 후회를 한다.

"만약 그 때 그런 일을 하지 않았더라면 지금 성공할 수도 있었는데."

이것도 마찬가지로 공염불일 뿐이다.

"만약 그 때 좀 더 공부했더라면 좋은 직장을 잡아 편히 살 수 있었을 텐데."

정말로 아무런 쓸모없는 후회일 뿐이다.

"만약 그 때 확실하게 매듭을 지었더라면 지금과 같은 상황은 벌어지지 않았을 텐데."

아무리 원해도 이 바람은 이루어지지 않는다.

우리는 이처럼 지난 일에 대해 수없이 후회를 한다. 그러나 후회는 세상에서 가장 큰 시간낭비일 뿐이다. 후회해서 얻어지는 것은 없으며 시간을 그만큼 낭비했다는 결과만 초래한다.

새장 속에 갇힌 새가 밤만 되면 울어 주위를 시끄럽게 했다. 마침 그 앞을 날아가던 다른 새가 다가와 왜 밤에만 우는지 물었다. 새장 속의 새는 낮에 울다가 사람들에게 잡혀 새장 속에 갇힌 뒤부터 밤에만 운다고 했다. 호기심에 날아들었던 새가 말했다.

"모든 게 이미 늦었어. 잡히기 전에 그런 결심을 했어야지. 넌 이미 새장 속에 갇혔잖아."

후회를 하는 사람들이 변명처럼 앞세우는 말이 만약이라는 말이다. 다시는 돌이킬 수 없는 후회 앞에서 혼란에 빠지거나 절망하는 것은 아무런 의미도 없다. 차라리 습관처럼 사용하는 '만약'이라는 말 대신 '다음에는' 이라는 말로 교체하는 것은 어떨까? 다음에는 꼭 서두르지 말자. 다음에는 더 신중하게 거래를 하자. 다음에는 준비를 철저하게 해서 후회하는 일이 없도록 하자.

기회는 수많은 가능성 가운데서 결국 우리가 선택하여 도전하고 해결해야 하는 것이다. 우리에게는 얼마든지 기회를 포착하고 자기 것으로 만들 수 있는 잠재력이 무궁무진하다. 다만 후회의 늪에 빠져 허우적대고 늘 하던 대로 지난 시간만 탓하기 때문에 잡을 기회를 놓치게 된다.

실수는 우리가 성공으로 가기 위해 필요한 징검다리다. 하지만 지난 일을 오래 가슴에 담아두거나 뼈아프게 되새기는 후회는 어떤 가르침도 주지 않는다.

불현 지난 일들이 후회된다면 주문처럼 '다음에는' 이라는 말을 꼭 기억하자. 후회는 훗날 그것을 되풀이하지 않으려고 결심할 때만 진실한 것이다.

06 위기를 기회로 바꾸는 습관

위기를 찬스로 바꾸려는 노력과 마음가짐,
그런 습관이 절실하게 필요하다

씨름경기를 관전하면서 선수들의 표정을 놓치지 않고 하나하나 아주 자세히 관찰하노라면 느끼게 되는 것이 있다. 상대와 경기를 하기 전 선수들의 표정에서 승패를 가늠해볼 수 있다는 점이다.

물론 우연일 수도 있다. 그러나 의욕이나 자신감 같은 마음의 상태가 그 사람의 눈짓이나 얼굴에 잘 나타나 있는 것만은 확실하다. 몸짓에서도 그것이 표출된다.

천하장사가 컨디션이 최고일 때는 닥치는 대로 모조리 상대를 쓰러뜨린다. 이럴 때는 자신감과 의욕이 그의 온몸을 지배하고 있다. 그것은 표정에도 적나라하게 드러나고 있는 것이다.

그렇지만 첫날부터 생각지도 못했던 상대에게 지기라도 하면 제아무리 천하장사라 할지라도 몹시 마음이 동요될 것이다. 자칫 나약한 감정에 지배당하기도 한다. 이렇게 되면 최악의 상태가 되어 두 번째도 세 번째도 연달아 패배할 위험마저 생기게 된다.

이것은 비단 씨름에서뿐만이 아니다. 모든 승부를 겨루는 세계에서 통용되는 것이다. 마음의 자세를 회복하는 것이 사태를 역전시킬 수 있는 키포인트가 된다.

비즈니스 세계에서도 마찬가지다. 생각한 대로 실적이 오르지 않고 부진한 상태가 되면 누구든지 초조해지게 마련이다. 자신은 계속하여 뒤처지는데 라이벌은 순풍대로를 달려간다면 더욱 더 초조해져 발버둥을 치게 되는 악순환에 빠져들게 된다.

일을 진행하는 데 있어서 또는 가정생활에 있어서도 난국에 빠지는 일이 얼마든지 있다. 그런 경우에 직면하면 아주 침체되어버리는 사람도 있다. 그 반면에 그것을 기회로 삼아 '재난이 변하여 복이 된다.'라는 속담처럼 이끌어 나가는 사람도 있는 것이다. 예를 들어 매상이 몹시 부진한 음식점이 있다고 하자. 이곳에서 필요한 것은 마음의 자세를 만회하는 일이다.

지금까지 음식 맛은 어떠했는가. 손님을 대하는 태도, 가게 안의 구조 등등을 다시 생각해 볼 기회로 활용하는 것이다. 솔직한 심정으로 대처해나간다면 반드시 새로운 길이 열릴 것이다.

인간의 역사를 되돌아보아도 전쟁이나 천재지변 등의 난국에 직면할 때마다 새로운 지혜로 그 어려움을 진보적인 발전으로 연결시킨 일이 많았다. 위기를 찬스로 바꾸려는 노력과 마음가짐, 그런 습관이 절실하게 필요하다.

07 기회를 위해 준비하는 습관

철저한 준비와 연구
그리고 그것을 완성시키는 노력과 행동력이 뒤따라야 한다

매일 아침 새로운 기회가

마치 조간신문이 오듯이

당신 앞으로 배달되고 있다.

하지만 하루도 빠짐없이 배달되는 기회에

당신은 너무 익숙해져 있다.

그래서 지금은 눈치를 채지 못하고

무감각해져 있다.

성공의 기회가 지나치는 것을 눈치채지 못하고

왜 나에게는 기회가 오지 않느냐며

투덜거리고 있는 것이다.

지금, 수많은 성공의 기회를

마치 신문 보듯이 대충 넘겨보고서

쓰레기통에 버리고 있지는 않은가?

성공할 수 있는 기회를 잡는가 못 잡는가는 그것을 받아들일 준비가 돼 있는지의 여부에 달려있다. 하루하루를 소중하게 여기고 잘 활용하여 만반의 준비를 하고 행동하는 사람에게는 그만큼 찾아오는 기회가 많은 법이다.

단지 생각만으로 기회를 잡고 성공하리라 믿는 사람은 가능성을 발견하는 데 많은 어려움을 갖는다. 막연한 생각과 실천할 수 있을지에 대한 확신도 없는 공상만으로 성공을 거머쥐려는 것은, 마이너스 인생을 부추기는 일이다. 늘 현실을 직시하고 깨어있는 의식을 소유한 사람만이 기회를 포착할 수 있으며 성공에 한걸음 다가설 수 있다.

명문대학을 졸업하고도 취직이 잘 되지 않아 고민하던 청년이 있었다. 그는 어떻게 하면 남들보다 성공할 수 있을지 매일매일 고심하며 지냈다. 자기 방에 틀어박혀 그 방법에 대해 연구를 했는데, 온갖 서적을 뒤지고 신문을 탐독하는 등 나름대로 전전긍긍이었다.

이미 성공을 했거나 그 출발점에 서서 열심히 일하고 있는 주변의 사람들이나 친구들과는 은연중 담을 쌓았다. 고집인지 자존심 탓인지 그는 꼼짝도 하지 않은 채 한 가지 생각에만 매달려 지냈다. 언젠가는 자신에게도 성공할 기회가 올 것이라는 막연한 기대에만 의지한 채였다. 하지만 결국 그 돌파구가 보이지 않자 성공한 부자를 찾아가 방법을 물었다.

"성공하기 위한 쉬운 방법이나 간단한 비결은 세상에 없소. 작은 일에도 소홀히 지나치지 말고 기회가 오면 더욱 열심히 뛰어야 한다오. 열심히 뛰고 있으면 저절로 알게 될 거요."

그러나 부자의 말뜻을 청년은 끝내 이해하지 못한 채 다시 자기 방으로 숨어버렸다.

우리가 살아가는 동안에 몇 번의 기회가 찾아온다고 한다. 누구에게나 찾아오는 것이 기회이다. 하지만 그 기회를 잡아 성공하는 사람은 그다지 많지가 않다.

기회를 잡기 전 철저한 준비가 이루어지지 않았기 때문이다. 그래서 남들보다 유리한 조건이면서도 성공으로 이끌지 못하는 것이다. 기회를 잡는 것은 그 사람의 저력이다. 그러나 단순히 정직하게 살고 성실한 마음가짐을 갖는다고 해서 형성되는 것이 아니다. 철저한 준비와 연구 그리고 그것을 완성시키는 노력과 행동력이 뒤따라야 한다. 그렇게 늘 분주하게 움직이는 자만이 기회를 잡는 법이다.

문제의 외곽에서 핵심을 바라보는 습관 08

어려운 문제에 부딪치면
우선 문제점을 확실하게 메모해두는 것이 좋다

인간이란 어떤 교육을 받든 불완전한 존재이다.

과연 맞는 말이라 생각한다. 완전한 사람이란 존재하지 않기 때문이다.

오랜 세월 수행을 거듭해 온 스님조차도 좌선을 하고 있을 때 여러 가지 잡념이 머릿속에서 떠나지 않는다. 도저히 무념무상의 경지에 도달할 수 없다는 것이다.

그래서 어떤 고승은 수첩을 지참하고 좌선에 들어간다고 한다. 좌선을 하고 있을 때 잡념이 떠오르면 그 자리에서 메모를 하기 위해서이다. 그때마다 적어보면 다시는 같은 잡념에 사로잡히는 일없이 좌선에 집중할 수 있다는 것이다.

이런 식으로 메모지에 기록해 두는 것은 커다란 의의가 있다고 생각한다.

우리들은 때때로 난관에 부딪친다. 그리고 아무리 생각해도 해결책이 생각나지 않을 때도 종종 있게 마련이다. 그러므로 생각에 생각을 거듭해도 해결책이 보이지 않을 때는 일단 그 문제에서 떠나보는 것이 바람직하다.

다만 그 문제의 요지는 확실하게 수첩에 기록해두도록 한다. 이렇게 해서 문제점을 잠재의식에 또렷하게 새겨두는 것이다. 그렇게 하면 전혀 생각지도 못했던 해결책이 떠오르게 된다.

언뜻 생각하기에는 이러한 해결책은 자신은 조금도 애쓰지 않은 가운데 저절로 답을 얻어낸 것 같이 생각될지도 모른다. 그러나 그렇지 않다. 인류에게 주어진 만능의 힘인 잠재의식이 작용한 결과인 셈이다,

대뇌 생리학의 세계적 권위자였던 동경의 G교수는 다음과 같이 언급하고 있다.

'인간의 기억력이란 어설프게 어중간한 해답을 얻으면 그것이 올바른 해답으로 착각하는 경우가 있다. 그리고 그 문제를 깨끗이 잊어버리게 되는 것이다.'

또한 '우리들이 어려운 문제에 봉착했을 때 그 자리에서 임시변통을 하기 위해 어정쩡한 해답을 구하는 것은 그리 좋지 않다.' 고 지적하고 있다. 왜냐하면 일단 해답을 구했다는 심정이 들기 때문이란다.

이것은 자칫하면 그것이 해결책인 양 착각하게 된다. 그렇게 되면 잠재의식 속에는 새겨지지 않게 된다. 잠재의식 속에 새겨지지 않는다면 문제 해결의 힌트가 눈앞에 다가왔을지라도 반응을 하

지 않게 되는 것이다.

　그러므로 어려운 문제에 부딪치면 우선 문제점을 확실하게 메모해두는 것이 좋다. 그리고 그 문제에서 일단 떠나 다른 일을 해보도록 한다. 그렇게 하면 잠재의식의 힘에 의하여 멋진 해결책이 떠오르게 될 것이다.

09

전환점을 성공으로 매듭짓는 습관

우리의 인생을 생각해보면
전환점에서의 처신이 대단히 중요하다는 것을 잘 알 수 있다

스포츠 용품 세일즈를 하는 C씨는 약 1년 전에 토목회사 계통의 일을 했고, 그전에는 식품회사 등에서도 근무했었다고 한다. 또한 그 훨씬 전에도 여러 직장을 옮겨 다녔다.

그는 다양한 직업을 경험한 사람이었다. 그러나 그렇게 수없이 전직을 하다 보면 '경력은 힘이다.' 라는 말의 힘을 발휘할 시간이 없지 않았을까. 물론 결실도 적을 것이며 신뢰성도 쌓지 못했을 것이다.

인생은 20년 마다 새로운 전환점이 찾아온다는 말이 있다. 여기에서 각자 인생의 전환점에 대해 한번쯤 생각해 볼 필요가 있다.

학교를 졸업하고 회사에 들어간다면 이것이 첫 번째 전기이다. 입사하여 3년쯤 지나면 회사의 업무와 모든 분위기에도 익숙해진다. 이때쯤 되면 지금 하고 있는 일은 아무래도 나에게 맞지 않는 것 같다는 식의 생각을 품기도 한다.

그래서 좀 더 자신에게 나을 것 같은 직업으로 전직하게 되는데 이것이 두 번째 전환점이다.

35세가 지나면 일에는 베테랑이 된다. 그러나 이 무렵이 되면 대체로 상사나 부하 직원과의 잦은 충돌이 생겨난다. 중견 간부를 목표로 부지런히 달려왔지만 회의에 봉착하게 된다. 그래서 전직을 결심하게 되는데 이것이 세 번째 전환점이다.

보통 전직은 35세 때까지만 하라고 한다.

그럼 이번에는 사업을 창업한 경우 성공한 사람들의 내역을 살펴보자.

20대에 창업하여 성공한 사람이 50%, 30대에 창업한 사람이 40%, 40대가 되어 창업하여 성공한 사람도 불과 10%라고 한다. 인생 전체로 보면 첫 번째 전환점은 20대라 하는 것이 이것으로 명확해진다. 20대에 우선 뜻을 세우고 나서 방향을 정하고 활동을 시작하라는 것이다.

20년마다 새로운 전환점이 찾아온다는 말대로라면 다음의 전환점은 40대가 될 것이다. 회사로 말하자면 과장이나 부장 정도의 직책을 얻고 있을 때이다. 그대로 정년을 맞이하는 사람도 있지만 더 노력하여 중역의 길을 걷는 사람도 있다.

일을 마치고 한 단락을 짓는 때가 60대이다. 인생의 세 번째 전환점이라 할 수 있다. 인간의 수명이 연장되었으므로 여기서 다시 한 번 새로운 꿈을 추구하게 된다.

이런 식으로 우리의 인생을 생각해보면 전환점에서의 처신이 대단히 중요하다는 것을 잘 알 수 있다. 이 전환점을 어떻게 슬기롭게 극복하느냐가 중요한 관건이 되는 것이다.

10

좌절을 희망으로 바꾸는 습관

순풍에 돛을 단 듯한 인생에는 비극이 없다
그러나 인생에 실패와 좌절이 없는 사람은 성공에서 가장 먼 곳에 있는 사람이다

모순투성이의 오늘날 아무한테도 밟힌 적 없이 살았다고 자신할 수 있는 사람은 없다. 그러나 밟혔다고 미움을 갖는다면 이 세상에서 당신이 살아갈 곳은 없다. 미움을 품은 사람이 살아갈 곳은 형무소뿐이다.

보리는 밟을수록 굵어진다. 무자비하게 밟힌 보리는 다음날 아침이면 혹독한 서리에도 굴하지 않고 다시 일어나 고개를 든다. 그러나 보리는 또다시 밟힐 운명에 있다. 그렇게 밟히면서도 보리는 곧 굵은 결실을 맺어 사람들에게 기쁨을 준다. 약한 사람이란 한 번도 좌절을 맛보지 못한 사람이라는 말도 있다. 한 번도 밟히지 않은 보리는 그런 사람과 마찬가지로 좋은 결실을 맺지 못한다.

인생에는 늘 좌절이 따르게 마련이며, 좌절은 그 사람이 능동적으로 살아왔다는 증거이다. 반대로 한 번도 좌절을 맛보지 못한 사람은 어려운 일에는 절대 도전하지 않는 수동적이고 무기력한

인생을 살았다고 할 수 있다. 이처럼 본능을 억제하고 사는 사람은 마음속에 번민이 생기기 쉽다고 학자들은 말한다.

　순풍에 돛을 단 듯한 인생에는 비극이 없다. 그러나 인생에 실패와 좌절이 없는 사람은 성공에서 가장 먼 곳에 있는 사람이다. 앞길이 험난한 사람은 성공과 가장 가까운 거리에 있다. 지금까지 문제의 연속인 삶을 살아온 사람이라면 성공에 이르는 최단 거리를 걸어온 것이다.

　훌륭한 업적을 이룬 사람 중 좌절을 경험하지 않은 사람은 없다. 좌절을 통해 보다 창조적인 것을 이끌어내 가능성을 넓혀왔다. 현대는 불확실성의 시대이다. 따라서 어떤 것에 도전했을 때 좌절하는 빈도도 높다. 하지만 좌절을 두려워한다면 가만히 앉아서 죽음만 기다리는 것과 다르지 않다.

11 분주함 속에서 준비하는 습관

당신에게 열 가지 실패가 있었다면 분명 열 가지 성공도 있을 것이다
단지 스스로 기회를 눈치 채지 못하고 있을 뿐이다

햇살이 있는 동안에 건초를 만들라는 말이 있다. 하지만 그 전에 이미 넉넉한 양의 풀을 준비해야만 한다. 풀이 없는데 건초는 무엇으로 만들 수 있겠는가? 애타게 기다렸던 눈부신 햇살만을 원망할 뿐이다. 더 현명한 사람이라면 넉넉한 양의 풀과 함께 그것을 건조시킬 수 있는 공간을 마구간과 가까운 곳에 확보할 것이다.

한곳에 정체된 채 머릿속으로만 골몰하는 것은 결코 준비가 아니다. 성공한 사람을 만나고 혹은 자신과 다른 길이지만 여러 사람들의 경험을 듣는 것도 좋다. 그렇게 자신의 길이 세워지면 철저한 공부와 연구를 해야 된다. 바로 그 과정에서 기회는 찾아오는 것이고 확실하게 잡을 수 있는 조건을 갖추게 된다. 또한 과감한 행동력이 가미되었을 때 기회는 곧 성공으로 이어진다.

또한 실패를 한다고 해서 기회가 모두 지나갔다고 성급한 판단

을 내려서는 안 된다. 기회라는 것은 우리가 기대했던 것과는 다른 방향에서 오거나 변형된 모습을 보이기도 한다. 지나친 듯 하다가도 돌아서 돌진해오고, 접근한 것 같지만 그대로 스쳐버리는 다양성을 보인다. 그래서 우리는 감당하기 어려운 무게로 다가온 기회를 불행의 씨앗으로 오해해 회피해 버린다. 다양한 형태로 접근하는 기회를 올바르게 인식하고 파악하기 위해서는 한시도 쉬지 않고 사방으로 문을 열어두어야 한다.

성공은 실패보다 눈에 띄기 어려운 법이다. 자기는 늘 실패만 한다고 생각하는 사람은 보이기 쉬운 실패에만 눈이 이끌리는 사람이다. 항상 실패만 거듭하는 사람이라도 잘 살펴보면 성공하고 있는 일도 많이 있다. 실패와 성공의 수는 같다. 당신에게 열 가지 실패가 있었다면 분명 열 가지 성공도 있을 것이다. 단지 스스로 기회를 눈치 채지 못하고 있을 뿐이다.

움직이지 않는 사람에게는 기회가 오지 않는다.

행여 찾아왔다가도 너무 게으르다 싶어 발길을 돌릴지도 모른다. 하지만 늘 분주하게 자신을 다그치고 노력하는 습관에 길들여진 사람에게는 불행도 행운으로 바뀌어 성공의 문을 여는 데 도움을 준다.

12 실패의 원인을 찾는 습관

진정한 성공을 위해서는 실패의 원인은
나에게 있다고 생각하며 그 원인을 찾아야 한다

성공은 또 다른 성공을 유도한다는 말이 있다. 이 말의 의미는 하나의 어떤 일을 성공하면 그 체험이 자신감으로 변하여 다음의 성공을 이어간다는 뜻이다.

목표를 달성하기 위해서는 한 걸음 한 걸음 착실하게 전진하는 것이 중요하다. 갑자기 큰일을 이루고자 하면 대부분 실패하게 되고 만다.

그렇게 큰일이 아니라도 좋으니까 우선 눈앞의 목표를 달성하여 성공을 체험하는 자신감을 갖고 나서 앞으로 전진하는 것이 현명한 방법이다.

눈앞의 목표를 달성하게 되면 마음은 더 큰 목표를 계획하게 된다. 그렇기 때문에 설령 다음의 목표가 다소 힘들지라도 성공의 확률은 높은 것이다. 왜냐하면 '전에도 힘껏 최선을 다했더니 성공했었다. 그 정도의 일도 잘 해냈으니까 이번에도 틀림없이 성공할 것이다.' 라고 적극적으로 생각하기 때문이다.

지난번의 성공체험이 다음의 목표를 달성하게 하는 에너지가 되는 셈이다. 이와는 반대로 처음부터 커다란 목표에 도전하여 실패감만 맛보는 사람이 있다. 이런 식으로 나간다면 성공을 하기는 커녕 실패하는 경험만 하게 된다. 실패는 다음의 실패를 유도하게 된다. 그런 일이 없도록 우선 실현 가능성이 있는 목표부터 도전해 보는 것이 좋다.

이야기를 바꿔서 실패의 의미에 대해 생각해 보도록 하자.

실패는 성공의 어머니라는 말이 있다. 지금까지 성공에 대해 이야기해왔는데, 성공이란 어떤 일의 결과라 할 수 있다. 사실 성공할 때까지의 과정에는 작은 실패가 여러 가지 있었을 것이다.

실패를 했을 경우, 그 실패를 어떻게 활용할 수 있을까. 이때 남의 탓으로만 돌린다면 결코 좋은 결과를 얻을 수 없을 것이다. 이 실패는 내가 잘못했기 때문이라고 생각한다면 여러 각도에서 반성을 할 기회가 주어진다. 그러므로 다시 똑같은 실패는 저지르지 않을 것이다.

이와 같이 실패의 원인이 나에게 있다고 받아들이면 그것을 개선하기 위해 열심히 노력할 것이다. 때문에 다음번에는 보다 나은 결과가 나옴으로서 실패는 성공의 어머니라는 것을 실감하게 된다.

진정한 성공을 위해서는 실패의 원인은 나에게 있다고 생각하며 그 원인을 찾는 일이다. 실패의 원인을 찾는 동안 스스로 잘못된 점을 발견하게 되고 그로 인해 반성할 기회를 갖게 되기 때문이다.

매사를 반성하는 자세로 임하면 똑같은 실패를 거듭하지 않을 것이다.

고통도 즐기는 습관

어려움을 극복하겠다는 욕망이
마음 밑바닥에 잠재해 있지 않은 인간은 없다

병으로 고생하는 사람에 대한 문안인사에 '아플 때는 아픈 것이 좋은 일일세.' 라는 말이 있다. 병으로 신음할 때에는 자기의 병을 인정하고 그 고통에 흠뻑 젖어보는 것도 좋다는 뜻이다.

몇 십 년 전 K씨는 아버지와 함께 바다낚시에 간 일이 있었다. 수영에는 별로 자신이 없었지만 낚싯대를 드리우고 있던 그는 갑자기 호기심이 생겨 바다로 뛰어들었다. 건너편 낚싯배로 헤엄쳐 가기 시작한 것이다.

100미터 정도 헤엄을 쳤을 때 발에 쥐가 나서 익사 직전의 순간까지 갔다. 그때 K씨는 아버지로부터 구원을 받고 있는 것이라고 생각되었다.

"고통스러울 때는 절대로 서둘지 말라. 마음을 편히 갖고 그 고통에 푹 빠져 보는 거다."

K씨는 마음을 느긋하게 가라앉히고 몸의 힘을 빼고 고통을 맛

보려고 생각했다. 그러자 차츰 평안하게 되었고 그 덕분에 무사히 낚싯배까지 도달할 수 있었다.

제아무리 추워도 냉수마찰을 하거나 폭포수를 맞거나 해도 즐거운 일이지 결코 고통스럽지 않다는 사람이 있다. 그들은 고통을 즐기자는 각오가 되어 있기 때문이다.

핀잔이나 잔소리가 듣기 싫어 상사를 피하거나 서먹서먹해 하는 사람이 있다.

하지만 피하려고 하는 것은 옳은 방법이 아니다. '핀잔을 듣지 않겠다.' 가 아닌 '핀잔을 듣자.' 라는 태도가 좋다. '듣기 싫다.' 라고만 생각하지 말고 '천천히 이야기를 듣자.' 라고 각오를 새롭게 하는 것이다.

그렇게 마음을 정하면 핀잔을 듣는 것도, 잔소리를 듣는 것도 그토록 괴로운 것은 아닐 것이다. 중첩되는 중압감을 견뎌낼 때 힘이 더욱 솟는다고 노래한 시인도 있다. 세상의 비난, 고문, 고독 그리고 고통에 완전히 자기 자신이 내던져졌을 때 마음속에서 투지가 불타오르는 것을 느끼게 된다.

어려움에서 도피한다는 것은 성장과는 멀어지는 일이다. 어려움에 정면으로 부딪쳐 그것을 참아 이겨내는 데에 진보와 발전이 있는 것이다. 어려움에 호의를 갖고 이를 돌파하겠다는 본능이 인간에게는 있다. 어려움을 극복하겠다는 욕망이 마음 밑바닥에 잠재해 있지 않은 인간은 없다. 회피하거나 도피하려고 하지 말고 스스로 대결하겠다는 용기를 가지고 인생을 살아가야만 한다. 그것이 자신의 인생을 성실하게 살아가는 길인 것이다.

다음에 라는 말을 무의식중에 자주 쓰고 있지는 않은가. 다음에 라는 말이 당신을 성공으로부터 멀어지게 하고 있다는 사실을 아는가. 지금 당장 다음에 라는 말을 당신의 사전에서 지우라. 그러면 항상 구체적인 때를 생각하게 될 것이다. '다음에 시간이 있을 때 하지 뭐.'가 아니라 '오늘 퇴근 후에 시간을 내서 해야지.'라고 계획하라.

5

정상에 있는 사람은 순간을 놓치지 않는다

Power of

habit

HABITS TO
success

자투리 시간을 활용하는 습관 01

누구에게나 공평하게 주어진 시간을
얼마나 효과적이고 낭비 없이 쓰는가에 따라 달라지는 것이다

"처음 뵙겠습니다."

1초의 이 짧은 말에서 일생의 순간을 느낄 때가 있다.

"고마워요."

1초의 이 짧은 말에서 사람의 따뜻함을 알 때가 있다.

"힘내세요."

1초의 이 짧은 말에서 용기가 되살아날 때가 있다.

"축하해요."

1초의 이 짧은 말에서 행복이 넘치는 때가 있다.

"용서하세요."

1초의 이 짧은 말에서 인간의 약한 모습을 볼 때가 있다.

"안녕."

1초의 이 짧은 말에서 일생 동안의 이별을 예감하기도 한다.

그리고 1초에 기뻐하고 1초에 운다. 일생에 걸쳐 열심히 한 순간

한 순간을…．

「성공의 시간」에 나오는 1초의 짧은 말이다.

　우리는 큰돈을 잃어버리면 큰 손실을 보았다고 몹시 아쉬워한다. 그러나 하루의 생활 속에서 시간을 헛되이 흘려보냈다는 일에는 너무나도 무신경한 것이다. 아무 것도 하는 일없이 보내는 시간을 유효하게 사용한다면 대단한 이익이 될 것이다.

　우리들의 일상생활 속에는 별 의미 없는 자투리 시간이 대단히 많이 널려 있다.

　예를 들면 통근하는 지하철 속과 회사에 도착해서 자신의 책상에 앉아 일을 시작하기까지의 시간, 그리고 점심시간이 끝나고 다시 일이 시작될 때까지의 시간 등등이 자투리 시간에 속한다.

　누군가를 방문했다가 기다리게 되는 수십 분의 시간도 자투리 시간의 대표적인 것이라 할 수 있다. 별 의미 없이 흘려보내는 잡담시간도 그렇다.

　이와 같이 아무 것도 하지 않고 하릴없이 보내는 시간이 하루 중에 큰 비중을 차지하고 널려 있음을 알 수 있다.

　5분이나 10분 정도의 짧은 시간이기 때문에 그다지 큰 비중을 두지 않는다. 그러나 하루 동안의 자신의 행동을 살펴보면 놀랄만큼 많은 자투리 시간이 흘러가고 있음을 알게 될 것이다. 그리고 그 대부분이 무의미하게 지나가고 있음을 새삼 느끼게 된다.

　이 자투리 시간을 가능한 한 효과적으로 활용할 수 있다면 일의 능률은 훨씬 상승하게 될 것이 틀림없다.

　그리고 반대로 휴일에는 일 따위는 잊어버리고 느긋하게 마음껏 휴식을 취하는 것이 시간을 보다 효과적으로 사용하는 방법이다.

자투리 시간을 활용하기 위해서는 평소 그 시간에 할 일을 메모해 두는 습관을 길러야 한다. 그래서 가령 10분 정도의 자투리 시간이 생긴다면, 미리 메모해 두었던 것에 따라 곧바로 실행하는 것이다.

누구에게나 공평하게 주어진 시간을 얼마나 효과적이고 낭비 없이 쓰는가에 따라 달라지는 것이다. 그러기 위해서는 단 10분의 자투리 시간이라도 소홀히 하지 않는 평소 마음가짐과 실천할 수 있는 습관이 필요하다.

02 　스승을 본받는 습관

성공담이나 가르침을 따라
자신을 강하게 훈련시키는 습관이 필요하다

　　예술의 세계에서는 '수(修), 리(離), 파(破)' 라는 것이 있다. 무용이든 음악이든 그 방면의 대가가 되기 위해 최대의 비결은 우선 '수' 라는 것이다. 다시 말해 철저하게 그 스승을 답습하는 일부터 시작한다는 뜻이다.

　　스포츠의 세계도 마찬가지이다. 처음에는 프로급인 선배들의 흉내를 내게 되지만, 그러는 가운데 차츰 자기 나름대로의 어떤 형태를 만들어 내게 된다.

　　그리고 스승을 떠나게 되는 단계가 오는데 이것이 '리' 이다.

　　계속하여 훈련을 쌓아가다 보면 드디어는 자신만의 독특한 기술을 연출할 수 있게 된다. 이것이 곧 '파' 이다.

　　이 세 가지 중에서 가장 중요한 것은 처음에 설명했던 '수' 라고 생각한다. 모든 학습의 근본은 우선 흉내 내는 것에서부터 시작되는 것이기 때문이다.

흉내 내는 행위는 기술적인 면에서 뿐만 아니라 스승의 사고방식이나 삶의 형태까지 닮고자 하는 것을 말한다.

스승의 형태를 모방하다 보면 어느 사이에 평상시의 언행까지도 스승과 닮아가게 된다. 그것 뿐 아니라 사고방식도 닮게 됨을 느낄 수 있을 것이다.

물론 누구의 사고방식이나 삶의 형태를 닮아간다는 것에는 한계가 있다. 하지만 따르고 싶은 스승을 본받는 동안 자연스레 그의 사고방식까지 닮아가고 있음을 경험해본 사람도 많을 것이다.

한 소년이 있었다. 그는 초등학교 때부터 유도를 했는데, 일본 유도사상 첫 올림픽 3연패의 쾌거를 이룬 노무라를 존경하고 있었다. 올림픽 결승전 모습을 TV로 보고 그 선수의 훌륭함을 알게 되었다. 부상 당한 다리의 심한 통증을 무릅쓰고 온힘을 다해 우승을 차지한 노무라에게 소년은 진한 감동을 받았다. 그 후 소년은 노무라에 관한 것이라면 모든 기사를 모아 스크랩하는 등 그에게 온갖 관심을 기울였다.

소년이 중학교 3학년이 되던 해 전국유도대회에서 우승을 하게 되었다. 그의 아버지는 "이것이다 하고 자기 나름대로 목표를 정하면 대단한 끈기로 맞붙는 아이지요. 노무라 씨로부터 여러 가지를 배운 모양입니다."라며 아들을 기특하게 생각하였다.

경영이든, 직장생활이든, 혹은 스포츠와 예능 분야이든 '이것이다' 하는 자기 나름대로의 목표가 있을 것이다. 이럴 때는 확실한 목표를 위해 본받을 만한 대상이 필요하다. 자신보다 앞서 성공한 선배나 스승이 바로 그들이다. 그들의 성공담이나 가르침을 따라 자신을 강하게 훈련시키는 습관이 필요한 것이다.

03 하루를 적절히 관리하는 습관

오늘은 어제의 끝, 내일은 오늘의 끝이라고 생각한다면
오늘 하루쯤이야 하는 식으로 낭비하지는 못할 것이다

인류를 주식(主食)을 기준으로 보면, 쌀밥을 먹는 민족과 빵을
먹는 민족으로 나눌 수 있다.

그 중에서도 쌀밥을 먹는 민족은 자신의 나이에 대한 의미와 개
념에 익숙하다. 쌀(米)이라는 문자는 八十八이라는 글자로 이루어
져 있는데, 음력 5월의 모내기철을 나타내는 것과 동시에 벼가 익
을 때까지의 88가지의 괴로움을 포함하고 있다고 해석된다.

가을에 햅쌀을 추수하면 올해도 무사히 지나갔다고 누구나 안
도의 한숨을 쉬고 다시 내년을 대비하는 마음을 가지게 된다. 이
것으로 쌀과 나이가 깊은 연관성을 가지게 되는 것이다.

하지만 빵의 원료인 밀이나 호밀은 벼농사만큼 힘이 들지 않고
1년에 몇 번씩 수확을 할 수 있기 때문에 나이에 대해 그만큼 의미
나 개념을 강하게 두지 않는다.

그래서 아메리카나 유럽 등 서양인들을 만나면 "몇 살입니까?"

라는 질문을 받는 경우가 별로 없지만, 동양인을 만나면 상황이 다르다. 대부분이 나이와 학교를 언제 졸업했는지 등을 물어본다. 그러면서 어쩌다 보니 30이 되었고, 40이 되었다고들 한다. 사람은 스스로 느끼지 못하는 사이에 나이를 먹는다.

세월은 놀랄 만큼 빨리 흐른다. 그래서 인간은 매시간 죽음을 향해 가고 있으므로 촌음을 아껴 하루하루에 충실해야 한다.

'오늘 하루도 무사히 지냈다' '오늘 하루도 일용할 양식을 얻었다' 이런 고마운 오늘 하루가 모여 인생을 충실하게 만든다.

오늘은 어제의 끝, 내일은 오늘의 끝이라고 생각한다면 오늘 하루쯤이야 하는 식으로 낭비하지는 못할 것이다. 내 몸이 건강해서 100년은 살 수 있는데, 그 중의 하루쯤이야 라는 생각 속에 나태의 싹이 숨어있고 자신도 모르는 사이에 커가는 것이다.

영국의 소설가이자 시인인 키플링은 이렇게 말했다.

"가장 가치 있는 시간은 최선을 다한 시간이고, 가장 소중한 시간은 지금 바로 이 순간이다."

04 소중한 인연을 만들어가는 습관

만나는 사람을 대할 때
일기일회의 정신을 가지고 최선을 다하는 습관을 들여야 한다

사람을 한자로 人間이라고 하는 데 왜 사람 인(人)자에 사이 간(間)자를 붙여 쓰는지 궁금해서 어느 도인에게 물어보았다.

그랬더니 間에는 '갈마들이다, 섞이다' 라는 뜻이 있는데, 사람이 번갈아 들고 섞여 지낸다면 불교에서 말하는 연(緣)이 생기고 인연이 맺어지게 된다는 것이다. 따라서 인간이란 말은 사람의 만남이라 풀이하는 것이다.

이렇게 볼 때 인간은 만남을 통해 서로서로가 영향을 끼치는 관계를 맺고 살고 있기 때문에, 세네카가 말했듯이 인간은 사회적 동물임을 이해할 수 있다. 그래서 독일의 시인 카로사도 '인생은 만남이다.' 라고 말한 것 같다.

우리들은 살아가면서 많은 사람들과 만나게 된다. 부모와 형제 그리고 친구, 학교 선생님이나 이웃 사람 등과 더불어 살고 있다. 그리고 이러한 삶의 연속은 어찌 보면 자기 자신의 운명과의 만남

이나 해후라고도 생각할 수 있겠다.

　우리들은 서로 만나는 사람들로부터 영향을 받고, 이를 통해 자기 자신의 인생을 만들어간다. 아주 훌륭한 사람을 만나는 행운도 있겠고, 때로는 약삭빠르고 저속한 사람을 만나게 되는 불행도 있을 수 있다.

　그러나 우리들은 행복과 불행을 따지기 전에 인간으로서의 성장을 이루어낼 수 있는 사람과의 만남을 통해 자기 자신의 인격을 높여 가야 할 것이다.

　다도에는 일기일회(一期一會)라는 말이 있다. 차를 대접할 때 '이 사람은 일생에 한 번밖에 만나지 못할지도 모른다. 그러니 좋은 차를 대접해야겠다.' 라는 의미이다.

　만나는 사람을 대할 때 일기일회의 정신을 가지고 최선을 다하는 습관을 들여야 한다. 아무리 작은 인연도 나에게 언젠가는 소중한 의미가 되리라는 마음가짐이 필요하다. 인연은 그래서 보이지 않는 최고의 투자인 셈이다.

05 짧은 시간도 소중히 여기는 습관

오늘 순간을 바꾸면 삶이 바뀌고 인생이 바뀌는 것이다
한마디로 순간을 바꾸면 영원을 바꾸는 것이라고 생각하면 된다

순간은 극히 짧은 시간을 말한다. 어떤 사람은 눈을 한 번 깜박거리는 시간으로 표현하고, 혹은 불교에서는 찰나라고도 한다. 대비바사론이란 책에 따르면 1찰나는 75분에 1초에 해당된다고 하니 얼마나 짧은 순간이겠는가.

그리고 불가에서는 이 짧은 순간에 모든 존재가 생멸한다고 본다. 현재의 1찰나를 기준으로 앞의 찰나를 과거, 뒤의 찰나를 미래라고 하며 이를 합쳐 찰나 3세라고 하는 것이다.

그렇게 따진다면 우리가 현재라고 하는 시간은 75분의 1초만 현재이며 과거, 현재, 미래가 동시에 공존하는 최소의 시간은 75분의 3초, 즉 0.04초에 불과하다는 계산이 나온다. 얼마나 짧은 시간인지는 여러분이 상상해보기 바란다. 우리는 그런 짧은 시간 속에서 살고 죽고 하는 것이다.

현재 우리가 쓰고 있는 시간의 단위에서 최소의 단위는 1초이

다. 1초를 우리는 보통 '똑딱' 이라고 표현을 한다. 말 그대로 똑딱하면 1초인 것이다. 그리고 인간이 보통 100년을 산다고 치면 36,500일을 살고 시간으로 따지면 876,000시간이 된다. 실제로는 3만일을 채 살지 못하고 죽는다고 봐야 한다. 여기서 잠자는 시간, 밥 먹는 시간, 차타는 시간, 일하는 시간 등을 뺀다고 생각해 보면 얼마나 남겠는가. 기껏 우리가 인간으로서 창조적인 일을 하는 시간은 1만 일이 못된다고 봐야한다. 인간이 5천만 분도 채 살지 못하고 죽는다니 허망한 일이 아닐 수 없다.

사실이 이러한데 우리는 언제까지 여유를 부리며 살 수 있겠는가. 실제로 1초가 아까운 것이다. 아니 75분의 1초인 찰나의 순간도 아까운 것이다. 그런데 우리는 한없이 여유를 부리고 있다. 최소 단위인 1초를 열심히 살아도 시원찮을 판에 그저 하루만 무사히 넘겨도 잘 살았다고 생각한다. 그러나 사실 우리는 그 하루도 열심히 살지 못하고 있는 현실이다.

천 년 만 년 살 것처럼 인생을 엄청나게 허비하고 있기 때문이다.

우리는 최소한 매시간 최선을 다해 열심히 살아야 한다. 그래서 후회 없이 살아낸 시간들이 모여 하루가 되고, 그 하루들이 우리의 미래를 더욱 윤택하게 만드는 것을 확인해야 한다.

오늘 이 순간이 나의 최초의 날이자 최후의 날이다. 이 순간 속에 영원한 행복이 있고 기쁨이 있는 것이다. 행복과 기쁨은 내일 있는 것이 아니다. 어떻게 생각하면 내일의 행복이나 기쁨은 필요가 없는 것이다. 오늘 하루를 열심히 산 행복과 기쁨 속에 미래의 행복과 기쁨이 있는 것이지, 막연한 미래에 그것이 기다리고 있는 것은 아니기 때문이다.

오늘 순간을 바꾸면 삶이 바뀌고 인생이 바뀌는 것이다. 한마디로 순간을 바꾸면 영원을 바꾸는 것이라고 생각하면 된다. 매순간 주어진 일에 나의 모든 것들을 불어넣고 태워야 할 때이다.

'내일 하겠다.' '다음에 하겠다.' 라고 마음먹는 순간 여러분들의 최후는 이미 턱밑에 이르렀음을 깨달아야 한다.

시간을 헛되이 쓰지 않는 습관

06

우리의 인생은 수정할 수 없는 생방송이다
나중에 개선할 수 있다는 생각은 또 다른 후회만을 쌓아가는 일이다

때를 놓치지 마라.
인생은 베를 짜는 것과 같다.
온갖 색깔로 수를 놓으려거든
흘러가는 시간을 붙잡아라.

법구경에 나오는 말이다.

'주어진 시간을 헛되이 쓰지 마라'는 말은 귀에 못이 박히도록
들었다. 그러나 생각처럼 되지 않는 것이 시간을 유용하게 쓰는
방법이다. 행여 '나는 오래 살 것이며 그래서 소비할 시간이 많다'
라고 믿는 사람이 있을지 모른다. 하지만 이런 태도는 인생을 즐
겁게 사는 데 전혀 도움이 되지 않는다.

지금 당장 절박하게 시간이 필요하다면 거리로 나가 손을 내밀
고 지나가는 사람들에게 구걸을 해보라.

"제발 적선해 주십시오. 나에게 당신의 시간을 15분만 나누어 주십시오. 제발! 아! 나에게 약간의 시간만을, 내가 지금하고 있는 일을 모두 마칠 수 있게 제발 약간의 시간을…"

그런 다음 죽음이 찾아와도 후회 없다고 소리를 쳐도 좋다. 하지만 다른 사람의 시간은 결코 내 소유가 될 수는 없다. 지금 이 순간만이 오직 자신의 시간인 것이다.

결국 우리의 인생은 죽음이라는 종지부를 늘 염두에 두어야 그만큼 열심히 살 수 있다는 것이다.

당장 해야 할 일을 다음으로 미루는 습관부터 버려야 한다.

오늘의 일은 오늘에 끝낼 수 있도록 해야 한다. 현재라는 것은 우리가 해결해야 하는 상황이며 경험이다. 결국 내일로 미룬다는 것은 발전하지 못하고 변화될 수 없다는 뜻이다. 그렇게 내일로 미루는 일이 반복된다면 우리는 어떤 상황을 맞이할 것이며 무엇을 얻겠는가. 현재라는 시간을 잘 활용하지 않으면 시간은 바람처럼 지나가는 존재일 뿐이다. 주저하거나 머뭇대는 우유부단한 행동은 소중한 시간을 허비하는 것이다. 행여 현재보다 나은 시간이 내일이나 혹은 나중에 찾아올 것이라 믿고 있지는 않은가? 그 때문에 미적거리며 쉽게 행동에 옮기지 않는 사람들이 많다. 하지만 우리가 망설이는 동안 시간은 더 많은 것들을 싸안은 채 먼 곳으로 달려갈 뿐이다.

우리의 인생은 수정할 수 없는 생방송이다. 나중에 개선할 수 있다는 생각은 또 다른 후회만을 쌓아가는 일이다. 비록 개선하고 발전의 밑거름으로 삼을 수는 있겠지만, 오늘에 할 일을 그만큼 더 늘이는 결과이다. 또한 오늘 이 순간을 절실하게 보내지 않았다는 결과는 결코 수정할 수 없다.

평범한 사람은 시간을 소비하는 것에 마음을 쓰고, 재능 있는 사람은 시간을 이용하는 것에 마음을 쓴다. 아직도 시간의 소중함을 모른 채 깨어있지 못한 사람이 있다면, 이 말을 머리맡 자명종처럼 놓아주고 싶다.

"그대가 헛되이 보낸 오늘 이 시간은 어제 죽어간 어떤 사람이 그토록 살고 싶어 하던 내일일지도 모른다."

07

고난을 슬기롭게 극복하는 습관

우리가 크든 작든 어떤 고난을 극복한다면
몸과 마음은 그만큼 단련되어 모든 두려움을 이겨낼 수 있다

고난과 역경을 이겨내려면 그것을 피하지 말고 그 속에서 길을 찾는 지혜를 발휘해야 한다. 힘들고 고통스럽다고 해서 외면한다는 것은 더 캄캄한 길로 들어서는 일이다. 고난의 이면에는 그것을 소멸시킬 수 있고 이겨낼 수 있는 처방책도 반드시 숨어있다.

폭우와 강풍이 몰아치는 깊은 산 속에서 길을 잃은 사람이 있었다. 이미 날은 저물었고 번개마저 지축을 울리듯 내리쳐 그는 두려움에 사로 잡혔다. 손전등에 의지한 채 마을을 찾기 위해 걸음을 재촉했지만 눈앞을 가리는 비바람에 방향을 가늠할 수가 없었다. 번개가 다시 치자 그는 너무 놀라 손전등마저 벼랑 아래로 떨어뜨리고 말았다. 그는 그 자리에 주저앉았다. 그런데 번개가 칠 때마다 눈앞에 길이 환하게 드러나는 것을 보게 되었다. 그는 번개가 칠 때마다 드러나는 길을 따라 조금씩 걷기 시작했다. 그에

게 번개는 더 이상 공포의 대상이 아니었다. 오히려 손전등보다 더 훌륭한 길잡이가 되어 앞길을 밝혀주었다.

이렇듯 우리가 고난의 대상으로 여겼던 것들이 어느 날 인생의 든든한 길잡이가 될 수도 있다. 세상의 모든 사물과 현상은 동전처럼 두 개의 얼굴을 갖고 있다. 어둠이 있으면 밝음이 존재하고, 슬픔이 머물던 곳에는 언젠가 기쁨도 찾아온다.

무엇보다 중요한 것은 현실을 바꿔줄 상황을 기다리기 보다는 눈앞의 현실에서 그 해결책을 찾는 일이다. 어떤 고난이라도 그것을 극복할 방법은 있다. 단지 실천하지 않고 미리 좌절하기 때문에 길이 없다고 생각한다.

고난과 역경 그리고 어떤 절망이든 시련은 늘 끝이 있다. 우리를 끝없는 고통으로 몰아가는 듯하지만 언젠가는 끝이 나는 것들이다. 시련 속에서 인내를 배우고 미래를 밝히는 지혜를 발휘하면 된다. 우리를 두렵게 만드는 대상들은 항상 우리와 함께하고 있다는 점을 다시 상기해야 한다. 그래서 많은 시간과 지혜가 필요한 법이다.

고난을 극복하는 지혜는 바로 포기하지 않는 자아를 세우는 일이다. 또한 두려움을 보다 넓은 길로 가기 위한 시련으로 삼겠다는 용기도 필요하다. 우리가 크든 작든 어떤 고난을 극복한다면 몸과 마음은 그만큼 단련되어 모든 두려움을 이겨낼 수 있다. 비록 보잘 것 없고 확신을 주지 못하는 작은 틈일지라도 스스로 발견한 그 길은 기대보다 더 찬란한 빛을 보장해줄 것이다.

08 하찮은 걱정에서 벗어나는 습관

매일매일 쓸데없는 걱정과
쓸모없는 노력에서 벗어나는 습관을 들여가야 한다

"쏟아진 물은 주워 담을 수 없다"라는 속담이 있다. 쏟아진 물을 보고 놀라 재빨리 주워 담아도 원래대로는 되지 않는다. 한 번 일어난 일은 후회해도 소용없다는 뜻이다. 다시 잘해보겠다고 생각하는 편이 났다. 속수무책으로 주저앉아 끙끙거리고 있는 것이 손해라는 뜻이다.

오늘의 일은 바로 오늘 전력을 다해 해결하고 추진해야 한다. 그런데 어제의 일까지 고민한다면, 오늘을 위해 전력을 다할 수 없게 된다. 또한 내일의 일까지 서둘러 짊어진 채 고민하는 것도 바람직하지 못하다.

기우(杞憂)라는 말을 알고 있는가? 기인(杞人)의 우(憂)라고도 한다. 옛날 중국의 기 나라 사람이 매일 염려만 하고 있었다. 하늘이 떨어져 내리면 어떻게 할까. 땅이 무너지면 어떻게 할까하는 식으로 오직 염려만 하고 창백한 얼굴을 하고 지냈다. 현실에 존재하지 않는 것을 과장해서 염려하는 것을 기 나라 사람이 염려하는 것으로, 쓸데없는 걱정이나 쓸모없는 노력을 기우라고 하는 것이다.

불필요한 걱정이나 노력은 결코 발전에 도움이 되지 못하는 시간낭비일 뿐이다. 불행이라는 것은 행복의 원천인 것이다. 불행은 행복의 징조라고 생각해서 모두 밝은 기분으로 일에 종사하다보면 반드시 길은 열리는 것이다.

어려운 문제들 앞에서 아무리 골몰해도 해결책이 떠오르지 않을 때는 푹 자는 것이 상책일 수도 있다. 휴식으로 머리가 깨끗해지면 좋은 방안이 떠오르기 때문이다.

아이디어도 마찬가지다. 좋은 아이디어를 찾으려고 하루 종일 골머리를 짠다고 해서 반드시 얻어지는 것은 아니다. 아이디어는 아주 짧은 순간 뜻하지 않은 상황에서 번뜩 떠오를 수도 있기 때문이다. 그러니까 어려운 문제가 생기면 당황하지 말고 차라리 좋은 인생공부라고 생각하는 편이 낫다. 이 상황을 계기로 자신의 인생은 순탄하고 좋은 쪽으로 전개될 것이라고 생각하는 것이다. 그래서 매일매일 쓸데없는 걱정과 쓸모없는 노력에서 벗어나는 습관을 들여가야 한다. 그러다보면 슬플 때는 웃음으로 걱정일 때는 낙관으로 대처하게 되어 가고자 하는 길이 쉽게 열릴 수 있다.

기다림의 미학도
명약으로 여길 줄 아는 습관

09

관심은 우리 스스로가 대상에 대해
최선을 다하고 있음의 소극적인 표현이다

    흐르는 시냇물을 더럽히는 방법은 아주 간단하다. 사정없이 돌멩이를 던지거나 직접 들어가 마구 뛰어다니면 된다. 반대로 그 더러워진 물을 원래의 깨끗한 상태로 되돌리려면 그대로 내버려 두면 된다.

    잔잔하던 바다에 파도가 일고 폭풍우까지 치기 시작하면 가까이 접근하지 않는 것이 최선이다. 이처럼 우리 주변에서 어떤 소란이 생겼을 때 때로는 그대로 지켜보는 것이 문제해결의 방법일 수도 있다. 가족이나 친척, 혹은 친구나 동료 등 모든 사람들이 마음의 동요에 시달리고 있을 때 섣불리 다가가는 것은 자칫 역효과를 낼 수 있다.

    다양한 개성을 가진 사람들과 함께 살다보면 감정이 엇갈리고 생각이 맞지 않는 경우가 비일비재하다. 폭풍우가 심한 바다를 그대로 항해하는 선박은 없다. 안전한 항구로 대피하여 파도가 잠잠해지기를 기다리는 것처럼, 우리도 한 걸음 물러나 관망하는 자세에 한번쯤 의미를 두는 것이 좋다.

사태를 수습하고 해결하겠다고 능력도 없이 뛰어드는 것은 어리석다. 긁어서 부스럼을 만드는 일이다. 사태가 변화돼가는 상황에 따라 그 사람의 마음이 차분해질 때까지 관심을 두고 기다리는 것이 좋다.

유능한 의사는 수술이 필요한지 또는 그 시기가 언제인지 잘 파악하고 있다. 경우에 따라서는 아무런 조치도 하지 않고 내버려두는 것이 환자에게 도움이 된다는 것도 안다. 확신이 서지 않는데도 무조건 환자의 배를 열어보거나 이것저것 치료법을 동원하는 것이 더 큰 불상사를 초래한다는 것을 알기 때문이다.

기다림에도 기술이 필요하다.

씨를 뿌리자마자 수확을 원하는 성급함은 자연스러운 기다림이 아니다. 어리석고 수양이 부족한 자신을 드러내는 일일뿐이다. 기다림 속에서 우리가 범할 수 있는 또 다른 실수는 요행이다. 상황에 맞는 관망을 통해 성급함으로 빚어질지 모르는 행동을 제어하는 것이 기다림의 미학이다. 무조건 잘 될 거라는 생각은 기다림을 헛수고로 만들 수도 있다.

적절한 관망 속에는 늘 잊지 않고 있다는 관심이 필요하다. 관심은 우리 스스로가 대상에 대해 최선을 다하고 있음의 소극적인 표현이다.

기다림은 아름다운 철학임을 잊지 말아야 한다. 최선을 다하고 끊임없이 관심을 두는 상황에서 할 수 있는 합리적인 기대이다.

10 자신을 연마하는 습관

평범한 사람이 평범한 일을 했다는 것은 평범 이하의 일을 한 것에 불과하다
평범한 사람은 생활 속에서 늘 노력과 수양의 흔적을 보여야 한다

'끝까지 항해하는 배만이 아무리 먼 항구일지라도 그곳에 닻을
내리고 쉴 수 있다.'

어느 문헌에 나오는 한 구절이다.

어떤 일도 하루아침에 잘 될 리는 없다. 그러나 착실하게 노력
을 거듭하다보면 반드시 일류가 될 수 있다. 중도 포기는 절대 금
물이다. 끝까지 해내겠다는 자기 통제력과 인내가 없이는 어떤 일
도 성취할 수 없다는 말이다.

현재의 모습은 자신이 지금까지 뿌려온 씨앗의 결과라고 할 수
있다. 씨앗을 뿌리는 방법과 거두는 결과는 사람에 따라 천차만별
이다.

씨앗을 뿌리는 좋은 예가 있다.

어느 대기업의 고문으로 있는 B씨는 어린 시절 무척 병약했다

고 한다. 그리고 누이들에게 둘러싸인 외아들이었던 만큼 귀여움을 독차지하고 있었다. 그 결과 친구들 사이에도 끼지 못하는 몹시 소극적인 소년으로 자랐다. 그는 그런 자신이 점차 싫어지게 되었다. 이대로는 아무 쓸모없는 인간이 되지 않을까 하는 심각한 고민에까지 빠지게 되었다.

고민을 거듭한 끝에 자신에 대한 혁명이란 혹독한 명령을 스스로 내리게 되었다. 자기 자신을 근본적으로 개조하고자 한 것이다.

그때가 대학교 1학년 때였다. 우선 걸핏하면 감기에 걸리곤 하는 병약한 체질에 도전하였다. 냉수마찰을 하루도 빠짐없이 하기로 한 것이다. 그 결과 엄청난 효과를 거두었는데, 한겨울에도 온열기 없이 건강한 몸을 유지할 수 있게 된 것이다. 추워서 몸이 굳어있을 때는 체조로 몸을 따뜻하게 풀었고, 공부에 지쳤을 때는 좌선으로 마음을 가다듬었다.

이러한 노력은 결코 헛되지 않았다. 그는 자신이 원하던 행정고시에 합격했을 뿐 아니라 신체검사에서도 좋은 점수를 받았다.

그는 과잉보호 속에 있던 자신이 이렇게까지 될 수 있었던 것은 자기 통제력과 인내가 있었기에 가능했다고 자신 있게 단언한다. 그리고 긴장이 풀릴 때마다 항상 다음과 같은 말로 자신에게 용기를 북돋았다고 한다.

'평범한 사람이 평범한 일을 했다는 것은 평범 이하의 일을 한 것에 불과하다. 평범한 사람은 생활 속에서 늘 노력과 수양의 흔적을 보여야 한다.'

11 아이디어를 메모하는 습관

평상시 머리에 떠오르는 착상을
중시하는 습관을 몸에 익히도록 해야 한다

작은 일을 알아야 큰일을 알고
얕은 곳을 건너봐야 그 깊이를 헤아린다.
이는 지혜의 근본이다.

이 말의 의미는 개미구멍으로도 제방이 무너진다는 속담과 흡
사한 의미로 사소한 것을 소홀하게 여겨서는 안 된다는 교훈이다.
무슨 일이든 얕은 곳에서부터 점차 깊은 곳으로 도달하게 되어 있
다. 그러므로 부족하고 대수롭지 않게 보이는 일도 무시하지 않는
것이 지혜의 근본임을 가르치는 말이다. 그렇다고는 하지만 우리
는 아무래도 사소한 일들을 너무 가볍게 여기며 살아가고 있다.
예를 들어 평상시 별로 대수롭지 않게 떠오르는 것, 다시 말해
갑자기 머릿속을 스치며 떠오르는 아이디어 같은 것이 그러하다.
이런 것은 흔히 무시하기가 쉽다. 어쩌다가 모처럼 떠오르는 아이

디어임에도 불구하고 그것을 자신의 것으로 붙잡아 두려고 하지 않는 것이다. 이 작은 착상이야말로 중요한 것이다. 동서고금을 막론하고 발명이나 발견들은 모두가 이러한 순간적인 착상에서 비롯된 것이기 때문이다.

아이디어라 하는 것은 언제 어디서 떠오를지 알 수 없다. 그리고 그것이 언제까지나 마음속에 남아있으리라는 보장도 없지 않은가. 즉, 필요할 때 언제라도 끄집어 낼 수 있는 것이 아니다.

그러므로 이와 같이 때와 장소를 불문하고 머리에 떠오르는 아이디어는 어떠한 형태로든 보존해 둘 필요가 있다. 그러기 위해서는 언제나 필기구와 종이를 몸에 지니고 다니는 습관이 필요하다.

그리고 아이디어만 떠오르면 즉시 다른 일을 제쳐놓고 메모를 해두는 것이 좋다. 그리고 그 종이에 메모된 것을 적당한 시기에 다른 노트에 옮겨 적으면 된다. 이 노트가 바로 자신의 아이디어 수첩인 셈이다.

종이에 기록하는 효력은 대단하다. 모든 신경이 그곳으로 집중되기 때문이다. 자신의 마음에도 그것을 기록하는 것과 같다. 마음에 그것을 기록하는 것, 즉 그것은 마음에 새겨진 것이므로 그것을 잘 기억할 뿐만 아니라 흘려들은 경우보다도 훨씬 더 오랫동안 정확하게 기억될 것이다.

앞에서 언급한 아이디어 노트는 평상시에 자주 펼쳐봄으로써 그것을 잠재의식에 새겨두도록 한다. 그렇게 하면 어느 사이엔가 그 아이디어가 점차 실현될 것이다. 이것이 바로 잠재의식의 작용이다. 때문에 평상시 머리에 떠오르는 착상을 중시하는 습관을 몸에 익히도록 해야 한다.

12 좋아하는 일을 마음껏 즐기는 습관

다소 늦더라도 성공은 눈앞에 나타난다는 생각으로
서두르지 말고 분주하게 자신을 살아가면 되는 것이다

우리는 일을 하기 위해 태어난 동물이기도 하다. 만약 그 일이
진정으로 원하고 좋아하는 것이라면, 우리는 축복받은 존재이다.

반대로 우리에게 하고자 하는 일이 없다고 한다면 어떨까? 할
일이 없는 인간은 활력이 사라져 어디에서도 삶의 참맛을 느끼지
못하게 된다.

그렇다면 지금 하고 있는 일이 적성에 맞지 않거나 장래성이 없
다는 이유로 소홀하고 있지 않나 살펴봐야 한다.

평소 피아노 연주와 작곡이 취미인 한 저명한 변호사를 만난 적
이 있었다. 그는 하루에 3시간 정도 밖에 자지 않고 아주 바쁜 생
활을 하고 있었다. 일이 끝나면 연습실을 찾아 늦게까지 작곡과
연주를 즐겼다. 정기적으로 피아노 독주회를 여는 등 패기 넘치는
모습이 매력적이었다. 변호사 일도 바쁜데 어떻게 여러 가지 일을
할 수 있는지 부럽고 궁금하기도 해서 물었더니 그의 대답은 의외

로 명쾌했다.

"진정으로 내가 좋아하는 일이라면 피곤하거나 시간이 없다는 것은 문제될 게 아니지요. 시간은 어떻게든 만들 수 있으니까요. 정말로 좋아하는 일이라면 잠자는 시간도 아까울 때가 있죠."

주어진 자신의 시간 속에서 많은 것들을 분주하게 하려는 행위는 매우 생산적이고 발전적인 인간을 형성하는 일이다. 하지만 서두른다는 것과는 구별해야 한다. 악보조차 모르는 사람이 겉멋에 비싼 악기부터 구입할 수는 없다. 생업마저 포기한 채 취향이 같은 사람들과 어울리며 인생의 참맛을 외친다는 것은 시간낭비일 뿐이다. 자신에게 주어진 일에 가치를 부여하고 분주하게 생활하는 것이 곧 의미 있는 삶이다.

바쁘다는 것은 곧 부지런함이다.

자신의 능력을 충분히 활용할 수 있는 시간을 차근차근 쌓아가는 일과도 같다.

성공의 신은 늘 약속 시간보다 늦게 나타난다. 그런 사실도 모르고 성공이 정해진 시간에 나타나지 않는다고 서둘러 돌아서면 안 된다. 다소 늦더라도 성공은 눈앞에 나타난다는 생각으로 서두르지 말고 분주하게 자신을 살아가면 되는 것이다.

아직도 할 일이 많은데 책상에만 앉아 고민하는 사람에게 '살았을 때 바쁘지 않으면 죽을 때 바쁘게 된다'는 말을 해주고 싶다.

13 마음의 평화를 만드는 습관

마음을 평화롭게 하기 위한 방법은 의외로 간단하다
그것은 다만 마음을 평화롭게 인도하면 되는 것이다

'거만한 마음을 자라게 해서는 안 되며 욕심을 내버려두어서도
안 된다.' 라고 「예기」에서는 말한다.

평온한 마음을 갖기 위해서는 우선 마음을 비워야 한다. 욕심을
버리고 자신을 괴롭히고 있는 모든 생각들을 마음에서 몰아내야 한
다. 그리고 그곳에 맑고 선한 생각들로 채워 넣어야 하는 것이다.

인간의 욕망은 두 개의 날이 있는 한 자루의 칼과도 같다. 현명
하게 잘 다룬다면 개인은 물론 사회와 국가의 안녕과 발전에도 큰
도움이 된다. 그러나 맹목적으로 혹은 끝도 없는 개인의 사리사욕
만을 위해 휘두른다면, 자신을 잃고 어지러운 마음 때문에 삶의
평형은 깨지고 만다.

자신이 이미 했던 행동에 대한 후회라든가, 실패했던 아픈 기
억, 그리고 타인에게 시달리고 있는 정신적인 고통이나 불쾌한 생
각 등 괴롭히고 있는 모든 기억들을 마음에서 몰아내는 것이 우선

이다.

그렇게 하기 위해서는 우선 긍정적인 생각들을 머릿속에 심어야 하며, 신뢰하고 있는 사람에게 고민을 털어놓고 상담을 하는 것도 좋은 방법 중의 한 가지가 될 것이다. 또한 절대자에게 기도를 하거나 묵상을 통해 마음의 평정을 얻을 수도 있을 것이다.

그러나 중요한 것은 인간은 오랜 시간 동안 마음을 비워둔 채로 있을 수 없다는 사실이다. 빈 마음은 반드시 무언가가 차지하려고 노리는 대상이 되기 때문이다. 그러므로 어렵게 비운 마음속에 창조적이며 건설적인 생각을 채우는 습관이 필요하다. 그렇지 않으면 어두운 생각들이 다시 마음을 차지하게 되며 괴롭히게 될 것이다.

마음을 평화롭게 하기 위한 방법은 의외로 간단하다. 그것은 다만 마음을 평화롭게 인도하면 되는 것이다. 즉, 마음속에 항상 평온한 생각으로 충만케 하는 것이다.

예를 들어 시간이 날 때마다 지금까지 가장 평화스러웠던 기억을 찾아내 그것을 상상하며 마음속에 그려보라. 어느 날 찾았던 바닷가의 호젓한 풍경이라든가, 유난히 감명을 주었던 황혼 빛의 산책길 등을 수시로 떠올려 보는 것이다. 그리고 그런 평화스러움 속에 젖어보라. 마음은 어느덧 평온함으로 가득 차 건강하고 행복한 상태가 될 것이다.

시간 관리를 철저히 하는 습관

시간이란 가장 소중한 것 가운데 하나이며 누구에게나 공평하다
그 누구도 강탈해갈 수도 없고 독점하여 사용할 수도 없다

근위무가지보(勤爲無價之寶)라는 말이 명심보감에 있다.

부지런함이란 값을 매길 수 없는 보물이란 뜻이다. 적어도 부지
런한 자는 사람을 다스리게 되어도, 게으른 자는 부림을 받을 수
밖에 없는 것이다.

"가장 바쁜 사람이 가장 많은 시간을 갖는다."라고 스위스의 한
신학자가 말했다.

시간이란 원래 '생애'를 지칭하는 의미의 산스크리트어인
'ayn'에서 나온 말이다. 시간은 개개인의 인생을 구성하는 소중
한 재료와도 같다. 곧 시간은 인간이라는 의미로 볼 수도 있다. 같
은 선상에서 동시에 출발했지만 시간이 지난 뒤에 보면 그 모습과
상황이 다르다. 어떤 사람은 뛰어난 지도자로 존경을 받거나 모두
가 부러워하는 기업인으로 성장해 있다. 반대로 어떤 사람은 낙오
자가 되어 허덕이는 삶을 산다. 결과적으로 하루하루 자신에게 주

어진 시간을 어떻게 활용했느냐의 산물이다.

시간이란 가장 소중한 것 가운데 하나이며 누구에게나 공평하다. 그 누구도 강탈해갈 수도 없고 독점하여 사용할 수도 없다. 누구는 더 확보하고 누구는 부족하게 할당받을 수도 없다. 시간의 세계에서는 승리자와 낙오자, 부자와 거지 등의 계급도 없다. 천재라고 해서 한 시간이 더 주어지는 것도 아니며, 최고경영자라고 해서 마음 대로 끌어다 쓸 수 있는 것도 아니다. 하지만 그들은 같은 시간이지만 더 많은 것처럼 활용하는 능력을 가진 것이다. 그래서 남들보다 기회가 많고 가능성이 확대되어 차별화된 성취감을 누릴 수 있다.

가치관은 물론 문명에 대한 인식속도마저 급격하게 변화돼가는 것이 요즘 세상이다. 이런 상황에서 적응하고 쫓아가기도 벅찬 것이 현실이다. 하지만 시간을 잘못 사용하면 그것은 우리의 발목을 잡고 혹은 앞을 가로막는 덫으로 남을 뿐이다.

감기가 잘 낫지를 않아 병원에 간 적이 있었다. 독감이 유행하고 있어서 그런지 그날따라 대기실에는 많은 환자들로 붐볐다. 한참을 기다리고 있는데 웬 노인이 벌떡 일어나 간호사에게 다가가 공손하게 말했다.

"3시에 예약을 했는데 벌써 4시가 넘었으니 큰일이오. 약속이 있어 더 이상 기다릴 수가 없으니 내일로 다시 예약을 해주시오."

그 모습을 바라보던 한 중년부인이 여든 살은 훨씬 넘어 보이는 노인이 무슨 일이 바쁘냐며 중얼거렸다. 그 말을 들었는지 노인이 중년부인을 쳐다보며 말했다.

"나는 올해로 여든여덟 살이 되었소이다. 그래서 일 분 일 초도 낭비할 수가 없지요."

어찌 됐든 지금 있는 자리에 가만히 있으면 플러스마이너스 제로라고 착각하고 있지는 않은가. 그런 생각에 젖어 있는 당신은 눈앞에 펼쳐지는 수많은 기회들을 향해 통과라고 말하고 있는 것이다. 하지만 그렇게 통과를 계속하며 지금의 위치에 연연하고 있는 것이야말로 당신의 인생에서 최대의 마이너스라는 사실을 알아야만 한다. 도전을 하다가 넘어지고 깨지고 나가떨어지는 사람보다도 통과를 계속하는 사람이 꿈으로부터 멀어지고 있는 것이다. 될 수 있는 한 위험을 피하며 살아가는 삶이 가장 위험한 삶이라는 것을 잊지 말아야한다.

6

결과에 집착하지 말고 일의 과정을 즐겨라

Power of

habit

HABITS TO
success

넓은 시야를 갖는 습관 01

경쟁에 있어서도 마찬가지다
경쟁도 어깨를 나란히 하고 해볼 만한 상대와 하는 것이 효과적이다

대형 참치를 잡기 위해 남태평양을 항해하던 원양어선이 꽁치 떼를 만났다고 해서 그물을 내리는 것은 어리석은 짓이다.

큰일을 이루고자 한다면 사소한 일에는 마음을 두지 말아야 한다. 사소한 업무는 부하 직원이나 고용한 인력에게 맡기라는 뜻이다. 기업을 성장시키기 위해 혹은 부를 축적하기 위해서라면 아무리 사소한 일이라도 소홀히 해서는 안 될 것이다. 그러나 이것저것 모두 욕심을 내다가는 두 마리 토끼를 다 놓칠 수 있음도 간과해서는 안 된다.

면도칼은 면도를 하기 위해 만들어진 도구다. 면도는 물론 종이를 자르는데도 손색이 없을 정도로 날이 잘 서 있다. 하지만 잘 자를 수 있다고 해서 면도칼로 큰 목재를 재단할 수는 없는 노릇이다. 목재를 자르는 것은 톱이나 도끼여야 한다. 반대로 톱이나 도

끼로 면도를 하거나 종이를 자르는 것도 어색하다. 결국 면도나 종이를 자르는 것은 면도칼에 맡겨두고 톱이나 도끼는 목재를 자르는 데 쓰라는 것이다.

세상을 보다 넓게 볼 줄 아는 습관을 가져야 한다. 건축자재를 구하기 위해 산에 갔다면 적합한 목재를 선별하는 것만이 최선이고 효율적이다. 행여 눈에 띄는 나뭇가지나 열매가 마음에 든다고 해서 부적합한 나무를 베어서는 안 된다. 어떤 사람들은 사소한 것에 현혹되어 쓸모없는 나뭇가지와 열매를 얻기 위해 나무를 베기도 한다. 자신에게 절실히 필요한 것은 건축자재로 쓰일 나무라는 것을 결코 망각하면 안 된다.

어느 정도 저력이 생기면 나름대로의 자세를 구축해야 한다. 작은 이익 정도는 그것을 원하는 사람에게 나눠주는 것이 현명하다. 작은 이익까지 챙기려고 이것저것 욕심을 내면 큰 이익은 어느새 달아나버리거나 이미 다른 사람의 몫이 된다.

경쟁에 있어서도 마찬가지다. 경쟁도 어깨를 나란히 하고 해볼 만한 상대와 하는 것이 효과적이다. 처음부터 상대가 되지 않는 상대를 고르거나, 승리가 확신되는 일만을 선택하는 것은 도량이 넓지 못한 행동이다.

부를 축적하거나 사업을 하는데 있어 넓은 시야를 갖는 것은 중요하다. 전체를 보면서 기회를 만들어야 한다. 마음의 여유부터 가다듬는 것이 순서다. 자신이 궁핍하다고 생각하면 모든 감각과 방법을 동원해 쓸모없는 것들까지 손에 넣으려고 급급해진다. 여유가 없어 조급해진 마음은 결국 실패를 부르고 만다.

인간이란 어느 정도 부를 확보해야 마음의 여유를 갖는다고 한다. 하지만 평소 여유롭게 세상을 넓게 바라보는 습관을 가져야 한다. 그런 상태와 자세만이 보다 큰 것을 추구하고 더 확실한 부를 만드는 일이다.

건강을 위협하는 독식이란 잘못된 생활습관

02

어려움에 처한 사람에게 따뜻한 말 한마디로
나눔을 실천하고, 함께 한다는 마음을 전달할 수 있다

독식은 몸과 마음이 아주 가난했을 때 생기는 나쁜 습관이다.

그동안 채워놓은 것이 없어 조급한 마음에 혼자서 먹어치우려는 판단오류의 결과이다. 주변의 사람들이 쓰러지든 말든 혼자만 살겠다고 발버둥치는 이기적 행동이다.

가난할수록 나눌 수 있는 마음이 높은 인격이며 세상을 살아가는 최소한의 도리이다.

平和

이 글자를 가만히 들여다보면 어떤 깨우침을 얻을 수 있다.

平, 禾, 口

평화라는 단어를 이루고 있는 이 세 글자를 잠시 헤아려보자. 결국 곡식이 모든 사람들의 입으로 공평하게 들어갈 때만이 평화롭다는 뜻이다. 그런데 이 곡식이 공평하게 사람들의 입으로 들어가지 않기 때문에 분쟁과 싸움이 일어나는 것이다.

늘 허덕이던 현실에서 그런 마음을 건넬 수 있는 한 사람만 만나도 우리는 소중한 삶의 지팡이를 얻을 수 있다. 베푸는 마음을 나눈다면 세상은 더욱 넓어지고 눈부시며 더 이상의 가시밭길은 없을 것이라는 희망이 생긴다. 새로운 문이 열리며 지금까지는 없다고만 부정했던 빛나는 가치들이 쉬지 않고 발견될 것이다.

진정한 나눔은 경제적인 교환행위와는 거리가 멀다. 우리가 누군가에게 나눠줄 수 있다는 것은 생명력 넘치는 고귀한 행위이다. 소유한 것에서 일부를 덜어내는 것이 아니라 우리가 세상에 가할 수 있는 영향력을 배가시키는 일이다.

마음은 있지만 선뜻 나눔을 실천하지 못하는 사람들이 있다. 그것은 마음을 열지 못하기 때문이다. 나눔을 실천할 수 있는 열린 마음은 아주 소박한 것에서부터 출발한다. 반드시 물질적이고 눈에 보이는 것으로만 나눔을 규정짓기 때문에 실천하지 못한다. 우리가 다른 사람들에게 나눌 수 있는 마음은 생각보다 거창하지 않고 어렵지 않다.

직장 안에서 주고받는 격려의 말에도 마음은 담겨있다. 혹은 어려움에 처한 사람에게 따뜻한 말 한마디로 나눔을 실천하고 함께한다는 마음을 전달할 수 있다.

'날씨가 좋군요. 오늘도 최선을 다합시다.' '피곤해 보이는데 커피 한 잔 할까?' 등등 우리가 표현할 수 있는 나눔의 마음은 쉬우면서도 큰 감동을 남긴다. 나눔은 또 다른 나눔으로 이어져 세상 어느 곳을 가더라도 안전한 터전으로 삼을 수 있다. 나눔을 실천하는 사람이 되면 결코 혼자가 아니라는 자각에 무슨 일이든 할 수 있는 용기가 생기는 것이다.

행운이라는
삶의 보너스까지 얻어내는 습관

03

무에서 유를 창조하든 기존의 레일 위를 달리며 얻은 것이든
성취감은 삶의 보람이다

"쓰지 않으면 무디어질 뿐이다."

오래된 열쇠에 새겨져 있는 문구이다.

게으른 사람들에게는 분명 의미심장한 말이 아닐 수 없다. 부지
런한 사람들이라도 삶의 지표로써 활용할 만한 말이다. 자신의 재
능을 충분히 쓰지 않으면, 사용하지 않은 열쇠처럼 곧 녹이 슬고
끝내는 아무 짝에도 쓸모 없게 되어버리기 때문이다.

가난해서 힘을 얻지 못했다는 이유로 욕망에만 의지하는 것은
옳지 못하다. 가난의 고통을 치유하는 방법은 두 가지가 있다. 자
신의 재산을 한순간 늘리는 것과 욕망을 줄이는 방법이다. 그런데
요행은 우리의 뜻만으로 이룰 수 없지만, 욕망을 줄이는 일은 얼
마든지 마음으로 가능하다. 정직한 사람은 자신의 욕망을 지배하
지만 그렇지 못한 사람은 욕망에 지배당하는 법이다. 욕망은 만족
과 끝을 모르는 통제불능의 감정이다.

인간이 원하는 것마다 모두 이루어진다면, 자신에게 주어진 시간을 무엇에 쓸 것인가라고 한 철학자가 질문을 던졌다. 모든 인간을 게으름뱅이들만 사는 극락으로 옮겨놓았다고 가정을 하자. 온갖 곡식과 과일이 저절로 자라나고, 하늘에는 꿩 바비큐가 날아다니고, 마르지 않는 시냇물은 술로 넘쳐난다. 또한 누구든 언제나 쉽게 연인을 손에 넣을 수 있는 곳이다. 하지만 그런 곳에서의 인간은 싫증을 느껴 자살을 할지 모른다는 것이다. 아니면 전쟁과 살인이 자행되어 더 큰 고통에 빠질 수도 있다.

우리가 세상을 사는 이유 중 하나는 크든 작든 간에 성취감 때문이다. 무에서 유를 창조하든 기존의 레일 위를 달리며 얻은 것이든 성취감은 삶의 보람이다. 그러나 우리는 더러 행동하지 않고 그 결과만을 얻으려는 요행과 나태의 안일주의에 물들어 있다. 행동하고 실천하는 일 없이 욕심을 내면 부정과 부패가 생기는 법이라고 한다. 그것은 인간을 파괴시키는 가장 강력한 시한폭탄이다.

인간은 일을 통해서만이 세상을 순조롭게 살 수 있다. 그래서 일하지 않은 사람은 늘 불행할 수밖에 없다. 어떤 고뇌와 슬픔도 일의 기쁨 앞에서는 아무것도 아니다. 인간은 자기 일에 몰두하여 즐기고 있을 때가 가장 아름답지 않을까.

행운 혹은 요행은 다만 인과의 법칙을 믿고 실천하는 사람들만 예감할 수 있는 일이다. 노력해서 심은 대로 열매는 달리고 거기서 행복을 얻는 과정에서 받을 수 있는 보너스이기 때문이다. 결국 열심히 가꾼 나무에서 열린 쌍둥이 밤이어야 한다는 것이다. 밤나무를 심기 위해 삽을 드는 순간부터 행운과 요행은 그 사람 머리 위까지 이미 내려와 있다는 것을 알아야 한다.

04 승부욕을 잠재우는 습관

집착을 버렸을 때만이
그것이 가능하며 성패의 열쇠도 바로 거기에서 생겨나게 되는 것이다

도박에 초보인 사람은 다음에 나올 패에만 온 신경을 곤두세우게 된다. 하지만 프로는 그런 것에는 전혀 신경 쓰지 않는다. 이판을 이겨도 될지 지는 편이 좋을 지만 생각한다. 그래서 항상 이기는 것에만 집착하는 초보나 아마추어가 승운을 배분하고 있는 프로에게 이길 수 없는 것은 당연하다.

승부의 세계에는 전혀 머리를 사용하지 않고도 운수만으로 가능한 것, 운수와 함께 두뇌도 따라 주는 것, 운수보다는 거의 두뇌로만 이루어지는 것 등등 수많은 종류의 것들이 있다.

경마나 투전판은 운의 지배가 클 것이며, 장기나 바둑은 실력이 지배할 것이다.

일반적으로 창의적인 연구를 하지 않아도 좋은 것은 그만큼 열매의 달콤함이 덜하다고 생각된다. 그래서 향상심으로 불타는 인간, 두뇌가 뛰어난 인간, 지적인 인간은 두뇌적인 오락을 즐기며,

천박하고 경솔한 인간일수록 운에 따르는 놀이를 즐기는 경향을 보인다.

하지만 운수에만 의존하는 놀이를 즐긴다 하더라도 거기에는 또한 그 나름의 법칙이 있다. 승부에 지나치게 집착하면 운도 따르지 않는다는 것이 바로 그것이다.

바둑의 경우를 예로 든다면 사지에 들어가 옥석은 물론이며 그 밖의 것까지도 과감히 버리는 것으로 승리를 거두게 되는 일이 많기 때문이다.

낚시도 프로급이 되면 미끼를 아낌없이 싱싱하고 좋은 새 것으로 갈아 끼운다. 그러나 아마추어는 미끼를 아끼고 바꾸는 것에 인색하다. 그러나 미끼를 아껴서는 좋은 결과를 얻을 수 없다.

바둑이나 장기에는 승부수라는 것이 있다. 전세를 완전히 점친 것은 아니지만 이대로는 질 수 없다고 할 때 기사회생을 노려, 아니면 일대파란을 일으켜 국면을 타개하려고 전면승부를 걸게 되는 것이다.

이러한 승부수를 두는 순간이야말로 승부의 쾌재를 맛볼 수 있는 최상의 것이다. 인생에도 똑같은 말을 할 수 있다. 사업이건, 정치건, 교육이건 무사안일주의에서는 아무 것도 얻을 수 없다.

스포츠와 도박에서조차도 승부수가 있다. 인생에 있어서도 어느 순간 승부수를 던져야 한다. 이때 제대로 승부수를 던질 수 있는 용기와 도량을 갖고 있어야 한다. 집착을 버렸을 때만이 그것이 가능하며 성패의 열쇠도 바로 거기에서 생겨나게 되는 것이다.

오락에서 생겨나는 짜릿한 쾌감이 어쩌면 생활을 기름지게 할 수 있는 활력소일 수도 있다.

그러나 지나치게 심취하면 벗을 잃고 상사를 잃게 되며 인간성을 송두리째 내보이게 되는 함정일 수 있음을 알아야만 한다. 매사 지나치면 스스로 나락의 구렁텅이로 자신을 몰아가는 결과가 될 뿐이다.

　승부에 집착하지 말라. 지나친 승부욕은 오히려 모든 것을 잃게할 수 있다.

매일 새로워지는 습관 05

매일매일 새로워지는 일에
노력을 기울이고 습관화할 수 있도록 최선을 다해야 한다

자라는 나무들을 유심히 관찰하다보면 저절로 감탄이 터져 나올 때가 있다. 어제와는 또 다른 새로운 신선함이 새록새록 느껴지기 때문이다.

새 잎이 돋아났다거나 봉우리가 트이고 꽃이 피었다거나 잎사귀가 더욱 푸르러졌다거나 하는 등등….

언제나 어제와는 다른 모습을 하고 있다. 어쩌다 며칠 관찰하지 않다가 보면 정말 깜짝 놀랄 정도로 변화되어 있는 것을 발견할 수 있다.

살아있는 것은 이처럼 항상 새롭다는 것을 절감할 수 있을 만큼 생명체의 신비함을 과시하고 있다.

그렇다면 과연 우리 인간은 어떠한가. 우리들의 신체도 매일매일 새로워지고 있다. 그 한 예가 피부이다. 어제까지의 낡은 피부는 때가 되어 떨어져 나가고, 그 자리를 새로운 피부가 생성되어

자리하게 된다.

근육이든 장기든 모두 마찬가지다. 낡은 조직이나 불순물은 배뇨 시에 몸 밖으로 배출되며 다시 계속해서 새롭게 생겨나게 된다. 이와 같이 우리 인간의 신체도 어제와는 또 다른 새로움으로 보충되고 있는 것이다. 살아있는 것은 항상 새로워지기 때문이다.

이것은 일이나 공부에 있어서도 마찬가지 과정이라 할 수 있다. 늘 노력하고 새로움을 추구하는 사람에게는 추월당하게 마련이다. 일이나 공부를 진행시켜 나가는데도 늘 새로운 피가 역동해야만 된다.

상품의 판매 전략, 광고의 기획, 그리고 업무 추진 등 모두 어제보다 오늘, 오늘보다 내일 이렇게 매일매일 새로운 지혜를 더하며 발전해가야 한다.

고객에게 인사하는 태도, 응대하는 방법, 전화 태도 등도 사소한 일이라고 소홀하면 안 된다. 작은 일이라도 열과 성을 다해 연구하는 습관이 항상 몸에 배도록 해야 한다.

이 방법이 좋겠다는 생각이 미치면 신속히 개선하라. 이러한 자세가 매일매일 새롭게 무장할 수 있는 원동력이다. 이것은 즉 새로운 피가 흐르고 있다는 증거이기도 하며, 선한 일은 서두르라는 말과도 어떤 면에서는 일맥상통하는 점이 있다.

정년퇴직하고 두문불출하는 사람들은 갑자기 늙는다고 한다. 이유는 일이 없어졌기 때문이다.

인간의 생명은 일 그 자체이다. 그렇기 때문에 일이 없어졌을 때 살아갈 힘과 원동력이 쇠약해지는 것이다.

우리의 신체는 심장이든, 세포든 항상 움직이며 활발한 신진대사를 하고 있다. 새로운 것을 받아들이고 낡은 것을 배설하여 늘 활동하는 것이야말로 살아 있는 생물체의 특징이기도 하다.

인간은 일을 하면 할수록 건강해지도록 만들어져 있다. 매일매일 새로워지는 일에 노력을 기울이고 습관화할 수 있도록 최선을 다해야 한다.

06 말을 다스리는 습관

말은 바람 같아서 늘 한쪽으로 불지는 않는다
상대를 훼손시키기 위해 던진 말도 언젠가는 자신에게 비수가 되어 날아든다

　어떤 말을 만 번 이상 되풀이하면 그 일은 반드시 이루어진다는 것을 아메리카 인디언들은 믿었다고 한다.

　지금 당신이 중얼거리는 말은 무엇인가. '지겨워 죽겠어.' '미워 죽겠어.' '나는 왜 이 모양이지?' 만 번만 되풀이 하면 그대로 이루어질 것이다.

　한 번 떠나면 다시는 돌아오지 않는 세 가지가 있다. 잃어버린 기회와 시위를 떠난 화살 그리고 입에서 나온 말이다. 이중에서 가장 무서운 것이 말이다. 칭찬과 격려의 말은 상대에게 용기와 행복을 준다. 반면에 비난과 질타는 신용과 명예를 한꺼번에 무너뜨리는 저주의 화살인 것이다.

　물고기는 언제나 입으로 낚이며 사람 역시 입으로 걸려드는 법이다. 뼈가 없는 세 치의 혀지만 뼈를 부러뜨릴 수 있는 가공할 만한 파괴력을 지녔으며 그 사정거리는 무한하다.

말은 마음의 그림이라고 한다. 우리가 하는 말 속에는 인격은 물론 영혼의 모든 것이 들어있다. 말 속에는 자신의 자화상을 포함해 인생 전부가 농축되어 있는 셈이다. 귀가 두 개인 것은 보다 잘 들으라는 의미이다. 하지만 입이 하나인 것은 신중히 책임질 말만 가려서 하라는 뜻이다. 말은 그래서 중요하며 혀는 곧 영혼의 소리이다.

친절하고 사교성 있으며 늘 부드러운 태도로 말을 하라는 지침은 귀에 못이 박힐 정도로 들어왔다. 그러나 그보다 더 중요한 것은 상대의 마음을 다치게 하는 말을 삼가라는 것이다. 특히 처음 대하는 상대이거나 비즈니스를 위해 만난 상황이라면 더욱 신중을 기해야 한다. 혀는 아주 작은 신체 일부지만 그것을 사용하는 사람을 어디로든 몰고 갈 수 있다. 자신을 오염시키고 후회의 깊은 수렁으로 밀어버릴 수도 있다. 또한 자신은 물론 상대까지도 돌이킬 수 없는 상황으로 몰고 간다.

자신의 품위와 절도를 유지하기 위해서라도 말조심을 해야 한다. 함부로 내뱉은 날이 선 말은 외과 의사조차 고칠 수 없는 깊은 상처를 남긴다고 한다. 말은 때로는 칼보다 더 날카롭고 위험한 무기인 셈이다. 말수가 적으면 감당해야 할 결과도 줄어든다는 말이 있다. 자신이 내뱉은 말은 결국 자신에게 되돌아오는 부메랑임을 명심해야 한다. 말은 바람 같아서 늘 한쪽으로 불지는 않는다. 상대를 훼손시키기 위해 던진 말도 언젠가는 자신에게 비수가 되어 날아든다. 자신의 입이니 아무리 말을 많이 하고 함부로 다뤄도 손해될 것이 없다는 생각은 위험하다. 그런 사람은 말로 인해 손해를 보고서야 후회를 한다. 통찰력이 뛰어난 사람은 예리한 논리로 무장한 채 말은 부드럽게 한다.

07 결과에 집착하지 않는 습관

인생의 맛은
결과에 있는 것이 아니고 그곳에 이르기까지의 과정에 있다

　　일본의 원로 영화배우 하세가와 가즈오는 다음과 같은 말을 했었다.

　　"여기서 한 번 관객을 깜짝 놀라게 해주자, 비평가의 입이 딱 벌어지게 해주자 하는 마음으로 연기를 할 때에는 연기가 제대로 되지 않습니다. 심오하거나 은근한 매력도 나오지 않습니다. 나는 항상 갖고 있는 전부를 후회 없이 발휘해 관객들에게 즐거움을 주겠다는 생각만 해왔습니다. 이것은 나름대로 최선의 마음가짐이지만, 이 단계를 넘어서면 아무것도 생각나지 않는 경지가 펼쳐지게 됩니다. 무의 경지라고나 할까요. 나도 겨우 이 나이가 되어서야 그런 것에 구애됨이 없이 연기를 할 수 있게 되었습니다. 쓸데없이 힘만 내지 말고 관객들로 하여금 진정으로 찬사를 받을 수 있는 연기를 하고 싶을 따름입니다. 관객들이 만족했을지 아닐지가 가장 중요한 예능의 근본문제입니다. 잘하고 못하는 것은 둘째

문제라고 생각합니다.”

참으로 의미심장한 이야기이다. 배우는 보여 주기 위해서 연기를 하는 것이다.

그러나 보여주고 싶다는 기분에만 들떠 있다면 아직 갈 길이 멀 뿐이다. 좋은 점을 보여서 갈채를 받고 싶거나 결과에 연연하는 마음으로는 최고의 연기를 할 수 없는 것이다. 결국 미숙한 연기가 될 뿐이고 후회만이 남게 된다.

바둑이나 장기를 둘 때 이기고자 하는 마음은 누구에게나 있지만 너무 승부에만 집착하는 태도는 마이너스이다. 남들과는 다른 행보로 거침없이 바둑알을 놓고, 한 판 멋지게 끝내겠다는 승부욕을 버려야 한다. 승부를 초월한 경지에서 바둑알을 놓고 장기의 말을 움직이는 것이 진정한 고단자이다.

물론 이기기 위해 싸우고 전력을 다하는 것이지만, 승부에 집착하지 않는다는 경지에 이르러야만 실력을 충분히 발휘할 수 있다는 의미이다.

인간은 결과에 너무 집착한다. 어째서 이렇게까지 결과에 집착하는 것일까. 제일 큰 원인은 과정의 즐거움을 모르는 까닭이다. 과정 그 자체에 인생이 있는 것을 모르기 때문에 결과에만 마음을 쓰게 되는 것이다. 인생의 맛은 결과에 있는 것이 아니고 그곳에 이르기까지의 과정에 있다.

결과에 도달하기까지의 발상, 노력, 장애, 극복, 인내 등 바로 이러한 것에 인생의 참맛이 있고 더 큰 기쁨이 있는 것이다.

08 　최선을 다하는 습관

인간을 비추는 유일한 등불은 이성이며,
삶의 어두운 길을 인도하는 유일한 지팡이가 바로 양심이라는 말이 있다

　우리는 어떤 일을 할 때 온갖 이유를 들어 대충 처리하는 나쁜 습관을 간혹 보인다. 시간이 없어서 혹은 남들이 그렇게 하니까 어쩔 수 없다는 핑계를 달기도 한다. 하지만 이런 자세는 자신의 소중한 시간을 갉아먹는 정신의 해충이다. 언젠가는 자신의 전부일 수도 있는 일에서 영원히 손을 놓게 되는 결과도 불러올 수 있다.

　늘 새벽부터 바쁜 도공이 있다. 그는 잠에서 깨자마자 작업장으로 나와 반죽된 흙을 고르고 도자기를 빚는 일을 시작했다. 그는 자신이 빚은 도자기가 마음에 들지 않으면 미련 없이 뭉개버리고 다시 처음부터 시작했다. 그렇게 새벽부터 도자기를 만들었지만 철저한 그의 성격 탓에 늘 주문량에 미치지를 못했다.

　그는 도공 중에서도 이름이 꽤 알려져 있어 그의 작품을 찾는 사람들이 줄을 설 정도였다. 어느 날인가 그의 제자 한 사람이 답답한지 물었다. 그만하면 사람들이 잘 모르고 또 흠이 있더라도

앞 다투어 사겠다고 하는 처지인데 왜 시간을 낭비 하냐고 평소의 불만을 털어놓은 것이다. 그러나 도공은 완고한 자세로 대답했다.

"난 시간이 걸리더라도 아주 오랫동안 사람들이 바라봐줄 작품을 만들 뿐일세."

도공은 자신의 철칙을 굳게 믿었다. 그 결과 그의 명성은 더욱 알려졌고 작품은 더욱 가치가 인정되었다.

모든 일에 있어서 양심과 성실을 다한다는 것은 더 튼튼한 미래를 보장받는 일이다. 양심이 있다는 것은 스스로에게 부끄럽지 않다는 깨달음을 갑옷처럼 입는 것이다. 그 무엇도 두렵지 않게 하는 든든한 방어막이며 일생의 친구인 셈이다.

인간을 비추는 유일한 등불은 이성이며, 삶의 어두운 길을 인도하는 유일한 지팡이가 바로 양심이라는 말이 있다. 이것을 잃어버린다는 것은 곧 올바른 삶의 길을 갈 수 없다는 뜻이다.

자신을 속이지 않고 눈에 보이는 이익보다 더 큰 결과를 추구할 때만이 성공은 빛을 발하는 것이다.

위기관리능력을 갖는 습관

겁이 있으면 지혜가 솟기 때문이다
겁이 많은 사람일수록 행동에 주의를 기울일 수밖에 없다

요트 탐험가 H씨가 단독으로 세계 일주에 성공하고 무사히 돌아오자 기자들이 질문을 했다.

"이번 모험에서 무엇이 가장 중요했었습니까?"

그는 이렇게 대답했다.

"대담성과 세심한 주의력이었습니다."

이 말은 바꾸어 말하자면 '용기와 겁' 이라고 할 수도 있을 것이다.

용기와 겁은 대립되는 개념이지만 무엇인가 성취하고자 할 때는 모두 갖춰야 하는 최고의 덕목이기도 하다. 보통은 용기가 중요하고 겁은 소극적인 것이라 버려야 한다고 생각한다. 그래서 특히 겁이 많은 사람은 무시당하는 수가 많다. 하지만 진정으로 강하고 큰일을 하는 사람은 의외로 겁쟁이일 때가 많다.

그 좋은 예가 일본의 전국시대 장군인 오다 노부나가일 것이다.

그는 승리로 이끈 그 옛날 나고야의 오케하자마 전투 이후 승산이 없는 싸움은 거의 하지 않았다.

전력으로나 전략적으로 충분히 승리할 자신이 있을 때만 군사를 일으켰다. 그러나 그의 예상이 빗나가는 경우도 종종 있었다. 그런 때면 수치고 체면이고 아랑곳하지 않고 도망가곤 하였다. 교토에 있는 한 절에서 습격을 당해 죽은 것은 천려일실(千慮一失 : 천 번 생각에 한 번의 실수)이었다.

이 세상에서 두려움을 모르고 거침없이 행동한 영웅호걸들은 단지 폭력적인 힘을 내세우는 무용담과 전설을 남겼을 뿐이다. 또한 역사적으로는 그다지 큰 업적을 세우지 못한 채, 현재라면 당장 철창신세를 져야할 만한 사람으로 취급되기도 한다.

그렇다면 왜 겁이 필요한가. 겁이 있으면 지혜가 솟기 때문이다. 겁이 많은 사람일수록 행동에 주의를 기울일 수밖에 없다.

"겁이 많아서 무서움을 잘 타는 사람이기에 사물의 본질을 이해할 수 있는 지혜가 생긴다. 결국 현실주의자가 되지 않을 수 없다. 이런 겁쟁이에게는 관념이나 감상의 속임수가 통하지 않는다."고 한 말은 그런 면에서 진실이라고 생각한다.

겁이라는 말이 지닌 느낌이 아무래도 어둡고 음침해서 남이 그렇게 부르면 듣기 싫게 된다. 하지만 이 말은 주의를 한다는 뜻을 지니고 있다. 이른바 위기관리능력이 예리한 사람을 겁쟁이라고 하는 것이다. 이렇게 생각하면 가령 겁쟁이라는 말을 듣게 되더라도 태연해질 수 있지 않을까.

10 공동체의식을 갖는 습관

조금은 부족하고 힘든 여정이었지만
늘 다른 사람들과 함께 한 삶이라면 늙어서도 외롭지 않다

갈대를 보면 어떤 생각이 드는가.

작은 바람에도 힘없이 흔들리는 가벼움이 떠오를 수도 있다. 혹은 쉽게 뽑히는 나약한 존재일 수도 있다. 하지만 여러 개의 갈대들을 서로 묶어두면 상황은 다르다. 세찬 바람이 몰아쳐도 요지부동의 꼿꼿함으로 쓰러지지 않는다. 또한 쉽게 뽑히지도 않는 강한 존재로 탈바꿈한다.

외롭고 나약한 모습으로 서 있는 나에게 누군가 곁에서 의지가 되어주면 결코 쓰러지지 않는다. 또한 나 역시 누군가의 버팀목이 되어주기 때문에 '우리' 라는 힘으로 변할 수 있는 것이다.

나 혼자가 아닌 우리라는 힘으로 살아가는 것이 공동체의 삶이다. 더불어 산다는 것은 우리의 미덕이며 든든한 울타리인 셈이다.

피아노 독주를 듣고 있자면 아름다운 선율에 매료되어 저절로 평온해지고 감흥에 젖게 된다. 바이올린 연주도 우리의 심금을 울

리는 매력적인 소리를 전해준다. 그런데 피아노와 바이올린은 물론 다른 여러 악기들이 모여 연주를 하면 나름대로의 울림을 갖고 있는 소리들이 서로 어우러져 기대 이상의 감동을 안겨준다.

우리가 사는 세상살이도 이런 오케스트라와 같다. 물론 개개인마다 개성이 다르고 재능이 있겠지만 서로가 보완하고 보탬이 된다면 더 크고 아름다운 화음을 만들어낼 수 있다. 결국 우리가 공통된 관심을 나누고 힘을 모을 때만이 영혼은 더욱 풍요롭고 자유롭게 되는 것이다.

독불장군처럼 혼자 잘났다고 앞만 보며 달려온 사람에게는 외로운 황혼기만이 기다릴 뿐이다. 반대로 조금은 부족하고 힘든 여정이었지만 늘 다른 사람들과 함께 한 삶이라면 늙어서도 외롭지 않다.

모든 현실을 초연하게 바라볼 수 있는 마음으로 살아야 한다. 나를 배신한 사람도 고통만을 안겨준 사람도 필요한 존재이다. 어떤 형태로든 '나'를 스치는 모든 만남에서 많은 것들을 배울 수 있다.

황금 의자에 홀로 앉아 지는 해를 바라보는 사람보다는, 여러 사람들과 낡은 탁자에 둘러앉아 살아온 자신의 이야기들을 나누는 황혼이 더욱 아름답다.

11 밝게 생각하는 습관

인간은 다행스럽게도
의지를 가진 존재라 선택하는 대로 자신의 힘을 발휘할 수 있다

꽃은 항상 햇살이 비치는 쪽을 향해 피기 마련이다. 실내에 갇힌 꽃 역시 창 쪽으로 고개를 드는 것이 자연의 이치이다. 식물도 밝은 쪽을 좋아하는데, 하물며 인간이 음지보다는 양지를 선호하는 것은 당연한 일이다. 우울하고 늘 어두운 표정을 지닌 사람에게는 호감을 갖지 못한다. 밝고 쾌활한 사람 주변에 더 많은 사람들이 모인다. 태어나서 죽을 때까지 늘 웃음을 잃지 않고 살 수 있다면 우리는 후회라는 단어를 잊을 수 있다. 하지만 우리는 밝음보다는 어둠을, 웃음보다는 슬픔을 더 조성하며 살고 있다.

성인이 되고 또 세상의 풍파를 겪으면서 부정적인 생각이 우리의 삶을 얼룩지게 했기 때문이다. 모든 일을 어둡고 부정적인 쪽으로만 생각하게 하는 나쁜 습관이 몸에 배인 탓이다. 습관은 그래서 우리에게 아주 중요하다.

반면에 적극적이고 늘 밝은 생각을 지닌 채 웃음을 잃지 않는

사람은 어떨까? 어려운 일이 닥쳤을 때 쉽지는 않겠지만 얼마든지 해낼 수 있다는 긍정적인 사고로 돌파구를 찾게 된다. 속절없이 흘러가는 세월 앞에서도 '아직 내가 마흔이니 이제 절반을 살았네. 앞으로 다시 시작이다!' 라는 밝은 생각으로 대처하게 된다.

보다 긍정적인 사고방식을 가지려면 웃음을 습관으로 삼아야 한다. 웃는 습관이 지속되면 모든 현상을 너그럽게 바라볼 수 있다. 늘 고개를 들어 웃음을 지을 수 있다면 어떤 일이든 포용할 수 있는 마음이 생긴다.

처세를 위해서는 백 마디의 격언보다 하나의 좋은 습관이 중요하다는 말이 있다. 습관은 격언이 본능처럼 변하고 발전한 결과물이기 때문이다. 듣기 좋은 말들을 늘어놓기 보다는 믿음을 주는 웃음이 때로는 상대의 마음을 움직이게 한다.

인간은 다행스럽게도 의지를 가진 존재라 선택하는 대로 자신의 힘을 발휘할 수 있다. 인간만이 좋고 나쁜 사고와 행동의 습관을 형성할 수 있다는 것이다. 만약 자신의 능력을 파괴적인 목적으로 사용한다면 고통만이 남지만 긍정적이고 발전적인 곳으로 집중하고 연마한다면 결과는 달라진다. 습관은 그 사람의 현재는 물론 미래까지 변화시키는 중요한 부분인 것이다.

어차피 우리는 단 한 번의 인생을 살아야 하는 존재이다.

남들과 똑같이 주어진 시간 속에서 얼마나 행복하고 알차게 삶을 경영하는가 하는 문제는 바로 마음가짐에 달려있다. 늘 밝게 웃으며 세상을 바라본다면 우리는 보다 많은 사람들을 내 편으로 만들 수 있다. 또한 무궁무진한 가능성과 만날 수 있으며 그만큼 성공의 기회는 많아지는 것이다.

12 작은 성공부터 만들어가는 습관

자그마한 성공을 거듭해 체험함으로써
실패의 회로를 상실시킨다

'아무리 쾌활한 자라도 거듭 실패를 맛보게 되면 우울해진다.'

어느 소설에 나오는 한 대목이다.

정말 아무리 쾌활하고 의욕이 넘치던 사람도 거듭되는 실패 앞
에서는 자신감을 상실하게 되는데 그 이유가 무엇일까?

대뇌생리학의 권위자인 존 그레이 박사는 '지금까지의 다양한
실패 체험을 기록한 직접적인 회로가 그 사람의 대뇌 속에 가득
차 있기 때문이다.' 라고 단언하고 있다.

이 나쁜 회로를 그대로 방치해 두는 한 자신감은 좀처럼 회복할
수 없게 된다는 것이 존 그레이 박사의 지론이다.

왜냐하면 과거와 흡사한 상황에 놓인 경우 이 직접적인 회로가
조건반사적으로 움직이게 되기 때문이다. 이것은 지금까지의 실
패를 체험한 회로, 바로 그것이다. 다시 말해 실패로 이끄는 회로

인 것이다.

좀 더 알기 쉽게 설명하면, 가령 어떤 모임에서 강연을 의뢰받은 사람이 있다 하자. 그런데 그 사람은 많은 대중 앞에 서는 것이 처음이었다. 그래서 잔뜩 긴장을 한 탓에 결국 대중들 앞에서 큰 수모를 당하고 말았다.

이런 실패에 대한 체험은 그 사람의 대뇌의 회로에 정확하게 기록이 된다. 그래서 또 다시 강연 의뢰를 받게 되면 순간 과거의 실패 체험 회로가 작용을 하게 된다. 그 결과 과거 수모를 당했던 자신이 떠올라 다시금 긴장을 해서 또 강연에 실패를 하게 되는 것이다. 이와 같은 일이 반복되다 보면 자신감을 완전히 상실할 수도 있다.

이런 실패 체험을 고쳐가는 하나의 방법으로 '오버로드의 원칙'이란 것이 있다. 이 훈련 방법은 서양 신화를 근거로 하고 있다.

요약하면 다음과 같다.

'한 남자가 매일 어린 송아지를 들어 올려 자신의 신체를 단련했다. 어린 송아지는 나날이 성장하여 조금씩 그 체중이 불어났다. 그래도 남자는 매일 어린 송아지를 들어올렸다. 그러는 동안 남자는 어느 사이엔가 장성한 소를 번쩍 들어 올릴 정도의 강한 힘의 소유자가 되어 있었다.'

자그마한 성공을 거듭해 체험함으로써 실패의 회로를 상실시킨다. 이것이 '오버로드의 원칙'이다.

13 상대방을 칭찬하는 습관

상대의 장점을 칭찬해주는 것이 필수조건이다
그것은 자신의 안전을 위해서도 필요하다

인간관계에도 중요한 법칙이 있다. 그 중에서도 상대를 칭찬하는 것을 습관화 할 수만 있다면 모든 분쟁은 피할 수 있다.

상대에게 자신감을 갖게 하고 칭찬을 아끼지 않는다면 상대방은 희망에 부풀 것이며 따라서 당신도 행복해질 수 있을 것이다.

미국의 심리학 교수인 윌리엄 제임스는 인간성의 근원을 이루는 것은 타인에게 인정받고 싶은 소망이라고 단언하고 있다. 이 소망이 인간이 동물과 구별되는 점이며, 인류의 문명도 인간의 이 소망에 의해서 진전되어 온 것이 아닌가 싶다.

기독교에서는 그것을 다음과 같이 설명하고 있다.

'남으로부터 받고 싶은 모든 욕망을 그대가 먼저 상대방에게 행하라.'

인간은 누구나 주위로부터 인정받고 싶어 한다. 비록 미미한 부분이라도 자신이 중요한 존재라는 것을 느끼고 스스로의 진가를 확인하고 싶은 것이다. 빤히 들여다보이는 아첨은 듣고 싶어 하지 않는다. 그러나 진심에서 우러나는 칭찬에는 굶주려 있다. 진심으로 인정하고 아낌없이 해주는 칭찬을 받고 싶은 것이다.

여기 미국의 심리 상담 칼럼리스트인 도로시 딕스가 남긴 교훈을 소개한다.

'칭찬에 능숙하게 될 때까지는 절대로 결혼해서는 안 된다. 독신으로 있을 때는 여성을 칭찬하든 말든 자유이지만 일단 결혼을 하게 되면 그날부터 상대의 장점을 칭찬해주는 것이 필수조건이다. 그것은 자신의 안전을 위해서도 필요하다. 결혼생활은 외교와도 같은 것이기 때문이다.'

그러므로 만족스러운 가정을 꾸리고 싶다면 결코 아내의 일에 대해서 비난을 하거나 자기 어머니와 비교하지 말아야 한다. 반대로 언제나 아내의 알뜰함이나 센스 있는 감각을 인정해주고 그런 아내를 맞게 된 것을 행복하게 생각하고 떳떳하게 기뻐해야 한다.

그렇게하면 아내는 최선을 다해 남편과 아이들을 위해 가정을 꾸려나갈 것이다.

이것은 단순히 가정생활에만 국한되는 얘기가 아니다. 직장에서도 사회생활에서도 나름대로 응용하여 활용할 일이다.

14 인간적인 모습을 보여주는 습관

인기가 있는 사람은
인간의 심리를 잘 이해하고 생활에서 실천하는 타입이다

사람의 마음을 끄는 것은 생각보다 아주 간단한 진리에 있다.

'마음은 꽃이다.'

사람은 생각보다 쉽게 대립하거나 타협한다. 강요를 당한다고 느끼면 정당한 의견에도 대립하게 되지만, 약간의 호감이라도 느끼게 되면 쉽게 타협하는 것이 사람의 마음이다. 사람의 마음은 마치 꽃과 같아서 부드럽게 내리는 이슬에는 꽃잎을 활짝 열고 받아들이지만, 세차게 퍼붓는 비바람에는 움츠리며 거부하는 것이다.

사람은 자기보다 말재주가 없고 더듬거리며 약간은 어설픈 사람을 더 좋아한다. 그런 사람일수록 자신에게 편하기 때문이다.

말을 더듬는 사람은 대개 마음이 고운 사람이다. 얼마나 마음이 곱고 심약하면 말까지 더듬거릴까. 반면에 사기꾼치고 말재주 없는 사람이 있는가.

사람은 남의 실수담을 듣고 볼 때 가장 재미있고 신바람이 난다. 자신보다 부족하고 어설픈 사람이라고 여겨 경계심을 풀기 때문이다. 상대방의 마음을 열고 싶다면 자주 자신의 실수담을 드러내라. 스스로를 잠시 조롱거리로 만드는 것도 상대를 끌어들이는 한 방법이다.

위기에 빠진 자신의 모습을 드러내라. 어처구니없는 실수 때문에 남의 웃음거리가 된 자신을, 어설픈 자신의 모습을 과감히 드러내는 것이다. 이때 상대방은 가장 신나고 재미있어 한다. 그리고 나의 이야기에 관심을 보이게 된다. 인기가 있는 사람은 바로 이러한 인간의 심리를 잘 이해하고 생활에서 실천하는 타입이다.

'피터의 법칙' 이라는 말이 자주 쓰인다. 미국의 사회학자 피터가 능력의 종착역적인 증후군에 대한 연구 결과를 말한 것이다. 모든 것은 최고의 단계, 즉 자기 능력의 한계에 이르면 다시 무능해지고 변칙적인 현상이 일어난다는 이론이다.

과거의 역사를 볼 때 공룡의 전멸이나 로마 제국의 멸망, 중세 사회의 몰락 등은 모두 이 최고의 단계인 무능력 수준을 넘어섰기 때문이라는 것이다. 이를 인생사에 적용해 보면 한 인물이 최고의 단계에 이르기 전에 약간은 어리석은 체하고 또 약간은 무능한 듯 처신하는 것이 오히려 현명한 처세술이 될 수도 있는 것이다.

15 주변의 자료를 입력하는 습관

성급한 행동보다는 사전에 철저한 준비와 조사를 하고
정말 자신에게 유용한지를 먼저 살펴봐야 한다

우수한 성적으로 대학을 졸업하고 입사를 할 때 역시 단연 돋보이는 실력으로 주목을 받는 사람이 있다. 모두 그에게 관심을 보이고 특히 윗사람들은 많은 기대로 지켜보기 시작한다.

다행히 기대에 어긋나지 않고 탁월한 업무능력을 발휘하고 실력을 인정받아 승승장구 승진하며 몸값을 올리면 갈채가 쏟아질 것이다. 하지만 문제는 그 반대의 경우이다. 연구 결과 천재라고 주목받고 우수한 성적으로 입사를 한 엘리트 가운데는 정반대의 길로 들어서는 경우도 있다.

지나친 주목과 관심 혹은 자만 때문에 스스로를 채찍질하고 트레이닝 하는 것을 게을리 했기 때문이다. 자기계발은 끝이 없고 조금만 정체해도 다른 사람들에게 추월을 당한다는 것을 망각한 결과이다.

자기계발은 성공을 위한 끊임없는 투자이다. 자신의 성장을 위해 필요한 것이 있으면 아낌없이 투자해야 한다. 자신이 하고 있는 업무나 사업에 필요한 아이디어를 얻을 수 있고 회사 업무에 반영할 수 있는 분야의 일이 있다면 점심시간을 아껴서라도 달려가야 한다.

물론 성급한 행동보다는 사전에 철저한 준비와 조사를 하고 정말 자신에게 유용한지를 먼저 살펴봐야 한다. 그렇게 철저하지만 묵묵히 자신을 준비해가면 언젠가는 빛을 보게 된다. 업무에 필요한 아이디어를 제시하고 난관에 봉착한 사업상의 문제들을 해결할 수 있는 유능한 존재가 반드시 될 것이다.

회사에서 필요한 인재는 시도 때도 없이 분주하게 앞만 보며 달리는 경주마 같은 존재가 아니다. 정말 필요로 하는 것은 문제 해결의 핵심을 정확히 짚어내 풀 수 있는 결정적 역할을 하는 존재이다. 그러자면 성급함을 버리고 평소 자신을 발전시킬 수 있는 모든 소프트웨어에 적극적으로 눈을 열어야한다.

인간의 뇌는 마치 복잡한 화학 공장과 같다. 나쁘고 싫은 일을 생각하거나 화를 내게 되면 뇌 안에 독성 물질이 만들어진다. 그리고 자신이 만든 독으로 인해 뇌와 몸, 심지어는 정신까지 상처를 받게 된다. 즐거운 일이나 기쁜 일 그리고 기분 좋은 일을 생각하면 뇌 안에 일종의 마약 물질이 만들어진다. 그것에 의해 당신은 쾌감과 의욕을 느끼게 된다. 평소에 자신이 생각하는 모든 것은 뇌 안에서 물질화되고 있는 것이다.

7

건강한
몸과 마음에
투자하라

Power of

habit

HABITS TO
success

어려울 때일수록
편안한 마음을 갖는 습관 01

육체는 정신의 지배를 받는다는 진리를 깨닫고
마음을 편안하게 갖도록 노력해야 한다

화를 내면 우리의 뇌 속에서 노르아드레날린이라는 호르몬이
분비된다. 또 반대로 웃게 되면 엔도르핀이라는 호르몬이 생긴다.

호르몬은 생리작용을 돕는 물질인데 뇌의 명령에 따라 체내 각
기관으로 가게 된다. 호르몬은 반드시 필요한 것이지만 어떤 상태
로 전달되는가에 따라 인체에 미치는 영향은 달라진다.

예를 들어 걱정, 불안, 의심, 염려 때문에 발생한 독소가 혈액으
로 들어가면 뇌의 작용은 점차 둔해진다고 한다. 뇌의 작용에 문
제가 발생하면 당연히 호르몬 전달에도 이상이 생겨 우리 몸 곳곳
에 정상적이지 못한 결과들이 나타나는 것이다.

그래서 우리들은 가급적 사소한 염려도 하지 말고 여유롭고 편
안한 마음을 가져야 한다.

다른 사람을 고용하는 입장이라면 일단 그 사람을 신뢰하는 것
이 중요하다. 눈을 번뜩거리며 감시하지 않으면 종업원들이 태만

하거나 무슨 일을 저지를지 모른다는 식의 성급한 걱정은 하지 않는 것이 좋다.

걱정, 불안 초조, 두려움, 의심 따위의 걱정을 하게 되면 현실에서도 그런 일이 벌어지게 된다.

미리 건강에 대한 걱정으로 근심에 빠지면 결국 병을 불러들이게 된다는 것도 자연의 법칙이다.

그래서 환자와 가까운 사람이 간호를 해서는 안 된다는 말이 생겨났다. 가족이나 가까운 친척 혹은 친구가 간호를 하게 되면 오히려 이롭지 못한 결과를 낳게 된다.

가까운 사람일수록 아무래도 환자 옆에서 걱정스러운 얼굴이나 슬픈 표정을 짓게 되기 때문이다. 그렇게 되면 환자는 '내 병은 대단히 중병인 모양이야.' 하고 민감하게 반응하고는 필요 이상으로 걱정과 불안, 두려움 등의 좋지 못한 감정에 사로잡히게 된다. 따라서 그 병으로 이리저리 고민하면 증세는 날로 악화될 뿐이다.

힘들 때 우왕좌왕하면 더욱 힘든 사태를 불러들인다는 말도 이와 같은 이치이다.

위장 상태가 좋지 않아 평소에 고생하던 사람이 있었다. 어느 날 음식을 먹고 난 뒤 곧 위가 아프기 시작했고 매일 설사와 복통을 호소하게 되었다. 결국 나중에는 아무것도 먹을 수 없는 극한 상황에까지 빠지게 되었다. 여러 병원을 전전하며 약을 지어 먹었지만 그것마저 토해내는 지경에 이르렀다. 본인으로서는 매우 고통스러운 날들의 연속이었다.

그러던 사람이 이제는 완전히 건강을 되찾게 되었다. 건강해진 이유 중의 하나는 족심도(足心道)라는 건강법을 실행했기 때문이었다. 족심도란 발에 분포된 혈도를 자극해 병을 예방하고 증세를 완화시켜 결국 치료를 목적으로 하는 건강법이다. 그리고 무엇보다 마음가짐도 새롭게 다지는 중대한 결심을 한 결과였다.

위장은 단순한 장기로 그 자체의 힘으로 통증을 만들거나 설사를 유발하지는 않는다. 그래서 육체는 정신의 지배를 받는다는 진리를 깨닫고 마음을 편안하게 갖도록 노력한 것이다. 그 결과 신기하게도 그때까지 조급하던 마음에 평정이 찾아왔고 건강도 서서히 회복될 수 있었다.

다시 한 번 강조하지만 병은 마음에서 온다는 말을 잊지 말아야 한다. 결국 스스로 마음을 다스릴 수 있다면, 우리는 어느 정도 질병에서 벗어날 수 있으며 또 두려움 없이 맞서 이겨낼 수가 있는 것이다.

02 중용의 덕을 갖추는 습관

신도 중요하여 없어서는 안 되는 것이지만
너무나도 지나치게 사람을 믿으면 뜻하지 않게 손해를 본다

사람을 부릴 때에는 중용(中庸)을 마음에 새겨두어야 한다. 부당하게 어느 한쪽에 편들지 않고 중도를 걷는 것이다.

젊은 사람은 혈기왕성해 하나의 일에 누구보다 열중하게 된다. 하지만 일단 잘못 들어선 길이라면 돌이키기 힘들기 때문에 적절한 길잡이를 해줘야 한다. 특히 젊은 사람을 부리고 있는 경영자나 지도자라면 그 일에 더욱 신경 써야 한다.

그렇다면 어떤 마음가짐으로 사람을 부리고 부하직원을 통솔할 것인가? 인, 의, 예, 지, 신이라는 덕목이 있다. 인간의 길을 지키는데 중요한 마음가짐의 항목이다. 그러나 이것들도 지나치게 지키면 곤란하게 된다. 옛날 사람은 이것을 경계해서 이렇게 말하고 있다.

인(仁)에 지나치면 약해진다.

의(義)에 지나치면 굳어진다.

예(禮)에 지나치면 빠져버린다.

지(智)에 지나치면 거짓을 만든다.

신(信)에 지나치면 손해를 본다.

인이라는 것은 박애, 측은지심이라는 것으로 이것도 지나치면 다른 사람에게 의지하게 되어 모두가 약해져 버린다는 것이다.

의라는 것도 그렇다. '의리' 라거나 '대의를 위하여' 라고 얽어매 져 탄력적인 사고방식이나 행동이 생기지 않고 굳어져서 움직일 수 없게 된다.

예, 즉 예의도 중요하지만 이것도 지나치게 공손하면 아첨이 되어버린다.

지도 중요하지만 너무나 지식에 빠져버리면 머리 회전이 빨라서 거짓을 만들게 된다.

신도 중요하여 없어서는 안 되는 것이지만 너무나도 지나치게 사람을 믿으면 뜻하지 않게 손해를 본다.

용기도 그렇다. 이것도 지나치면 폭력이 된다.

'지나치면 부족함만 못하다.' 고 중용에서 말하는 것은 어지간 히 어려운 일이다. 사람 위에 선 자는 자기 자신도 이 중용을 마음가짐으로 삼고 똑같이 부하직원을 지도하여야 한다.

03

건강을 체크하는 습관

제2의 심장이기도 한 발바닥이 활발하게 작용하지 않는다면
장애가 일어나는 것은 당연한 일이다

「더러운 발이 만병의 근원이었다」라는 책이 오래 전에 출판되어 한동안 세간의 이목을 집중시킨 적이 있다. 그 저자는 족심도의 연구가이기도 하다.

족심도는 자연의 논리에 근거한 건강기법이다. 족심도의 중요한 포인트는 발을 비벼서 혈액순환을 좋게 해주는 데에 있다.

인간의 신체는 수억 개의 세포로 형성되어 있다. 이 세포에 산소와 영양을 골고루 미치게 해주는 것이 혈액이다. 이 혈액이 통과하는 혈관을 크게 분류하자면 다음의 세 가지로 볼 수 있다.

첫 번째는 동맥으로 신선한 산소와 영양을 운반하는 것이다. 두 번째로는 모세혈관인데 그 산소와 영양을 세포에게 전하고 탄산가스와 노폐물 따위를 받아들이는 작업을 하는 것이다. 세 번째는 정맥, 체내에서 생긴 탄산가스나 노폐물을 위장이나 간장 등에 운반해 주는 역할을 한다.

이렇게 혈관에는 세 가지의 흐름이 있다. 산소나 영양이 가득한 혈액은 심장에서 내뿜어져 동맥을 타고 온몸의 구석구석으로 옮겨진다. 그리고 모세혈관에 의하여 세포 하나하나에 산소와 영양을 공급한다.

세포에 산소나 영양을 건네준 혈액은 이번에는 세포로부터 여러 가지 노폐물을 수거하게 된다. 그리고 심장으로 향하는 모세혈관을 타게 된다. 계속하여 정맥으로 들어가 위장에서 노폐물을 여과하여 심장으로 돌아간다. 이 순환의 반복이 우리들의 생명을 유지시키고 있는 것이다.

이 흐름이 정체되면 장애를 일으키게 된다. 심장에서 가장 멀리 있는 발바닥은 특히 혈액이 정체되기 쉬운 곳이다. 또한 모세혈관이 종횡무진으로 달리고 있기 때문에 노폐물이 쌓이기 쉬운 곳이기도 하다.

제2의 심장이기도 한 발바닥이 활발하게 작용하지 않는다면 장애가 일어나는 것은 당연한 일이다. 그래서 족심도는 발바닥을 통해 혈액순환을 원활하게 해주는 것을 강조하고 있다.

발의 건강을 한 예로 들었지만, 일상을 통하여 건강을 가꾸는 것만큼 중요한 것은 없다.

04

마음의 병을 만들지 않는 습관

우리의 신체는 마음에 의해 지배되고 있음을 잘 알아야 한다
그래서 병은 마음에서부터 온다는 말을 정설처럼 믿는 것이 중요하다

자연의 산과 들에서 생활하고 있는 새나 짐승들은 병에 걸리지 않는다는 말이 있다. 그러나 인간이 기르면 아주 나약하고 쉽게 병약해진다.

자연계에서 살던 짐승들을 잡아와 동물원의 우리 안에 가둬놓고 사육하는 것을 보면 곧 알 수 있다. 물론 계절마다 온도에 신경을 써주고 좋아하는 먹이를 주며 불편하지 않도록 여러 가지로 보살피면서 사육한다.

그런데도 동물들은 병에 자주 걸린다. 수의사들이 주사를 놓아주기도 하며 온갖 치료를 해보지만 동물들은 힘없이 죽어버린다. 동물들은 자연으로 돌아가고 싶은 것이다.

우리 인간도 자연계의 생물에 속한 존재이다. 역시 자연으로 돌아가 사는 것이 가장 평온하며 자연스럽다. 하지만 그렇다고 동물들처럼 야생 속을 누비며 아무렇게나 살 수는 없다. 결국 현대사

회의 생활여건 속에 발목이 묶인 채 자연으로 돌아가고 싶다고 염원을 할 뿐이다. 그러나 우리 인간도 얼마든지 자연친화적인 삶을 누릴 수가 있다.

그러기 위해서는 우선 우리의 마음만이라도 자연 속에 머물도록 해주는 것이 필요하다. 세상 모든 것은 자신의 마음이 그리는 대로 형상화되고 있다. 자신의 마음으로 인정한 것만이 존재한다는 의미이다. 반대로 말하자면 자신의 마음으로 인정하지 않은 것은 존재할 수 없다는 것이다.

예를 들어 관절염이란 증세를 모르는 소년이 있다고 가정하자. 소년은 관절염에 걸린 경험이 없었기 때문에 자신은 그것에 대한 통증을 알지 못했다. 관절염이란 말을 어디선가 들어 알고 있을 뿐이다. 그것을 인정하려고 하여도 인정할 수가 없었던 것이다. 그러므로 소년의 세계에서는 관절염이란 존재하지 않는다.

어떤 이유로 인해 마음이 비관적인 상태로 빠지면 누구든지 식욕이 사라지게 된다. 공포나 불안 등 정상적이지 못한 상태가 되면 위벽에 실제로 출혈이 생기기 때문이다. 우리의 신체는 마음에 의해 지배되고 있음을 잘 알아야 한다. 그래서 병은 마음에서부터 온다는 말을 정설처럼 믿는 것이 중요하다.

자신은 천성적으로 몸이 약하다고 입버릇처럼 말하는 사람들이 있다. 그 말처럼 그 사람의 마음에는 병약한 자신이 고스란히 그려져 있다. 그러므로 그 마음의 염려에 의하여 몸이 약해지는 것이다. 우리들은 이러한 병적 관념을 그려보지 않는 자연스런 마음으로 돌아갈 필요가 있다.

05 마음을 건강하게 갖는 습관

자칫 일부분만 보고서
그것이 마치 전체인 것처럼 착각에 빠지기 쉬우므로 조심해야 한다

모 컨설턴트 회사에서 프리랜서로 강연활동을 하고 있는 여성이 있다.

그녀는 언제나 미소를 잃지 않는 밝은 표정으로 기운차게 강연을 하였다. 그러나 그녀는 무부성괴사(뼈가 썩어가는 병)라는 난치병과 투쟁하고 있는 몸이었다. 그녀가 16세 때 그 난치병에 걸린 것이다. 손톱이 뿌리부터 곪아서 무서운 통증이 나날이 계속되었으며, 이가 흔들거리며 하나, 둘 빠졌다. 머리카락도 빠져나갔다.

스무 살의 봄에는 최악의 상태였다. 체중은 22kg이고 혈압은 60~30, 수혈을 받으면서 간신히 목숨만 부지하고 있었다. 부모를 원망하고 신마저 저주하는 고독하고 긴 투병생활이 계속되었다.

그런 던 어느 날, 그녀의 운명이 돌변한 것이다. 그것은 대학 교수와의 만남 이후부터였다.

'아니, 온몸을 앓고 있다고 들었는데 손은 움직일 수 있지 않은

가? 눈도 잘 보이고, 귀로도 잘 듣고 있지 않은가?' 그의 질문은 연달아 튀어나왔다.

'걱정할 것 없고, 당신 몸은 90%가 정상이잖소.' 이 말을 들은 순간 그의 머릿속에 맴돌고 있던 검은 구름은 삽시간에 사라졌던 것이다.

'몸이 아프다고는 하지만 자세히 생각해보면 아픈 것은 일부분에 불과하지 않은가!'

그녀는 대 발견을 한 것이다. 산다는 것 자체를 단념했던 그에게 새로운 인생이 시작되었던 것이다. 그러자 뜻밖에도 이상한 일이 벌어졌다.

썩어가고 있던 손톱이 다시 돋아나기 시작한 것이다. 머리카락도 돋아났고, 격심한 통증도 점차 약해졌던 것이다. 그녀를 갉아먹고 있던 난치병이 활동을 멈춘 것이다.

자칫 일부분만 보고서 그것이 마치 전체인 것처럼 착각에 빠지기 쉬우므로 조심하라는 교훈이다. 이것은 그동안 많은 사람들의 경험을 통해 훌륭하게 검증되고 있다. 항상 전체를 보는 습관이 중요하다.

06 사색을 생활화하는 습관

아무리 훌륭한 사람이라도
일생을 살아가는 동안 몇 번의 실패를 맛보지 않을 수는 없다

인간은 누구나 지금까지의 삶과 미래에 대해 모두 성공이라고 생각하지는 않는다. 그러나 반대로 실패라고 단정지어 생각하고 싶어 하는 사람도 없다.

아무리 훌륭한 사람이라도 일생을 살아가는 동안 몇 번의 실패를 맛보지 않을 수는 없다.

이것은 인간이 불완전한 동물이기 때문이다. 근본이 불완전한 동물임에도 완벽하고 백점만점인 삶을 바라는 우리는 종종 벽에 부딪치며 좌절하기도 한다. 그렇다고 노력할 필요가 없다는 것이 아니다. 완전을 지향하며 노력하는 것은 당연히 해야 할 일이다.

여기서 강조하고 싶은 것은, 어떤 일에서든지 백점만점을 얻고자 하는 완전주의의 사고방식은 잘못된 것이란 뜻이다. 무리하여 만점을 얻으려는 자세가 아니라, 80점 정도를 목표로 일에 임하는 편이 도리어 자신에게도 좋다는 것이다.

삶을 위해 필요한 경영과 조직생활 그리고 대인관계에 필수인 대화와 세일즈 등 우리의 뜻대로 완벽하게 이루어지는 것은 없다. 여가생활인 각종 취미나 골프, 테니스, 스쿼시 등 스포츠에 있어서도 마찬가지다.

반야심경 속에 '색즉시공(色卽是空) 공즉시색(空卽是色)'이란 구절이 있다.

어떤 것에도 흔들리지 말고 순수하게 사물을 보라는 뜻이다.

반야심경은 불과 262자의 간결한 문체로 되어 있지만, 종파를 불문한 경문이며 그다지 종교색도 띠고 있지 않다.

정신의학적으로 보아도 이 경문을 다시 옮겨 써보는 것은 대단히 효용이 있다고 한다. 자세를 바르게 하고 마음을 차분하게 한 후 한 자 한 자 정성껏 써내려가는 것이다. 이러한 동작이 정신통일과 마음의 정화작용에 크게 도움이 되리라 생각한다.

우리가 품게 되는 나쁜 감정인 초조, 고독, 불안 따위를 필 끝에 담아 발산시킬 수 있기 때문이다. 더군다나 매사에 집착하는 것에 대한 어리석음을 자세히 설명하고 있어, 마음을 정화시키는데 많은 도움이 될 것이다.

나름대로의 종교서적을 조용히 음미하는 시간을 가져보는 것도 좋다. 분주한 하루 일과 가운데서 특별한 시간을 마련하기란 어렵겠지만, 그것은 물질만능의 이 시대에서 그 무엇으로도 채울 수 없는 마음의 공허를 달래줄 것이다.

07 기쁜 표정과 명랑한 웃음을 짓는 습관

고상한 유머, 악의 없는 농담, 명랑한 웃음
이것들은 자연이 인간에게 준 최고의 명약이다

　'자신의 표정은 마음의 표현이다.' 라고 어느 성현이 말했다. 또한 자신의 표정을 바꾸면 마음도 바뀐다고도 하였다. 때문에 항상 기뻐하라고 말한다. 웃음으로 슬픔은 정복되는 것이다.

　명랑한 웃음은 자연이 인간에게 준 최고의 활력제라고 할 수 있다. 명랑하게 소리를 내어 웃으면 생리작용이 활발해져서 혈액의 순환이 잘 되며 백혈구의 작용이 증가한다고 한다. 자연 치유능력이 왕성해지는 것이다. 그러므로 언제나 밝게 웃는 사람은 건강하게 마련이다.

　웃음은 그 당사자에게만 도움이 되는 것이 아니다. 주변 사람들에게도 좋은 영향을 끼친다. 가령 누가 직장에서의 단조로운 업무에 싫증을 내고 있다고 하자. 모두 묵묵히 책상 앞에 앉아 있는데, 그때 명랑한 사람이 사무실 안으로 들어와 유쾌한 농담을 던지면 모두 웃음을 터트리고 일시에 그 사무실 안의 분위기가 밝아지게 될 것이다. 최고의 인물이 되려면 유머센스를 반드시 지녀야 한다는 말이 있는데 과연 수긍이 가는 말이다. 현명한 상사는 일의 사이사이에 유쾌한 농담을 던짐으로써 부하들에게 활기를 불어넣어 줄 수 있어야 한다.

유능한 교사도 수업 사이사이에 유머를 적당하게 넣어 학생들을 웃기면서 효과적으로 수업을 진행시켜 간다. 고상한 유머, 악의 없는 농담, 명랑한 웃음 이것들은 자연이 인간에게 준 최고의 명약이다.

일에는 유능한데도 그다지 빛을 보지 못하는 사람이 흔히 있다. 이런 사람은 대부분이 융통성 없이 고지식하다. 사고방식이 완고하거나 부정적이다. 유머센스가 없기 때문에 명랑한 농담을 건네지도 받아들이지도 못한다. 유쾌하게 웃는 일 따위는 좀처럼 보기 힘든 사람이다. 인간은 일만을 하기 위한 기계는 아니다. 인간은 그 사람 특유의 분위기라는 것이 있는데, 그의 분위기가 우울하거나 접근하기 어려우면 주변 사람들도 감히 가까이 하기를 꺼리게 된다.

이런 상태에서는 일이 잘 되어갈 리 없다. 때문에 부정적이고 융통성 없는 사람은 거의 빛을 보지 못하는 것이다.

언제나 쾌활하게 웃을 수 있는 사람은 행복하다.

· H·A·B·I·T·S · T·O · S·U·C·C·E·S·S ·